明治図書

2時間でできる図画工作題材集

たっぷり55選!

玉置 一仁・大畑 祐之 著

はじめに

　小学校の図画工作は2時間続きの教科です。2時間続きと言っても，45分と45分ですから，最大で使えて90分です。図工室への移動時間や挨拶，片付けなどに費やされる時間を除くと，造形活動に使える時間はおよそ70〜80分程度になります。本書は，この2時間続き，またはその半分の時間を使ってできる題材を中心にまとめてみました。

　1〜2時間の短い時間でも，準備を十分に行い，造形的な目標をしっかり押さえておけば，子どもがワクワクしながら取り組み，生き生きとした創造性を発揮できる図工の授業ができると考えます。長い時間をかけ，手数が多く，見栄えのする仕上がりを求めることがよい造形活動であるとは言えません。

　本書は，子どもが感じ，考え，試して，見つけ，表現することが大切であると考え，短い時間であっても，造形活動を通して子どもがもっている資質能力を十分に発揮できるように題材を考えました。校内事情や学級の実態に応じて，題材の幅や発展性をもたせ，2時間以上の活動時間をかけても楽しくなる題材もいくつか含まれています。学級担任の先生でも，図工専門の先生でも使えるように配慮しています。子どもと一緒に毎週の図工の時間が楽しくて素敵な時間になるように，本書がお手伝いできたら幸いです。

2018年8月　玉置　一仁・大畑　祐之

もくじ

はじめに …………………………………………………………………………… 002

1章　押さえておきたい！　短時間題材活用のポイント

1 授業準備のポイント ……………………………………………………… 006

2 材料集めのポイント ……………………………………………………… 007

3 材料・用具の使い方指導のポイント ……………………………… 008

4 授業の導入のポイント ………………………………………………… 009

5 授業中の声かけ・支援のポイント ………………………………… 010

6 作品鑑賞のポイント …………………………………………………… 011

7 まとめ，片付けのポイント ………………………………………… 012

8 時間差調整のポイント ………………………………………………… 013

9 学級の実態に合わせた題材応用のポイント …………………… 014

10 短時間題材を前後の題材と関連させるポイント ……………… 015

2章　2時間でできる！　図画工作題材55選

● 造形遊び

1 カラフルジェットコースター 低学年 ………………………………… 016

2 ふわーり　ふしぎなせかい 低学年 …………………………………… 018

3 こんなところに○○くん 低学年 ……………………………………… 020

4 チョキチョキすいぞくかん 中学年 …………………………………… 022

5 ドライブにGO 中学年 …………………………………………………… 024

6 カガミのせかい 高学年 ………………………………………………… 026

7 ふわーり　タワー 高学年 ……………………………………………… 028

もくじ　**003**

8 ジャイアント・コクーン 高学年 …………………… 030

9 パッキングアートでいい感じ 高学年 …………………… 032

10 床をかざろう 高学年 …………………… 034

11 空のモザイク 高学年 …………………… 036

絵

12 カクカクめいろ 低学年 …………………… 038

13 いろのキャンディびん 低学年 …………………… 040

14 すきなものコレクション 低学年 …………………… 042

15 はがして　なんだろう？ 低学年 …………………… 044

16 すごい太陽 低学年 …………………… 046

17 チョコチョコマン 低学年 …………………… 048

18 とんでもヘアデザイナー 中学年 …………………… 050

19 おもいっきり棒人間 中学年 …………………… 052

20 ダンサーAtoZ 中学年 …………………… 054

21 カクカクコレクション 中学年 …………………… 056

22 スタンプ迷路 高学年 …………………… 058

23 火の神 高学年 …………………… 060

立体

24 おねがいだるま 低学年 …………………… 062

25 おさんぽワンちゃん 低学年 …………………… 064

26 ムシムシ大行進 低学年 …………………… 066

27 炎のダンサー 低学年 …………………… 068

28 クシャクシャヒーロー 中学年 …………………… 070

29 かべをあるく人のせかい 中学年 …………………… 072

30 さるくんのジャングルジム 中学年 …………………… 074

31 カサカナ 中学年 …………………… 076

32 ペーパーマンげきじょう 中学年 …………………… 078

33 木っ端ハウス 中学年 …………………………………… 080

34 まわるくん 中学年 ……………………………………… 082

35 巨人あらわる 高学年 …………………………………… 084

36 カラフル昆虫 高学年 …………………………………… 086

37 ありえない組体操 高学年 ……………………………… 088

38 さかさけんちく 高学年 ………………………………… 090

工作

39 かいじゅうずもう 低学年 ……………………………… 092

40 ゆめのけいたいでんわ 低学年 ………………………… 094

41 へんしんペーパー 低学年 ……………………………… 096

42 鬼福笑い 低学年 ………………………………………… 098

43 ちょきちょきシルエット 低学年 ……………………… 100

44 どこでも迷路 中学年 …………………………………… 102

45 ビーンズカー 中学年 …………………………………… 104

46 モンタージュ絵本 中学年 ……………………………… 106

47 ギョロギョロちゃん 中学年 …………………………… 108

48 ひらひらアニメ 中学年 ………………………………… 110

49 ゆらゆらサーカス 中学年 ……………………………… 112

50 どこまでつながる　どこまでころがる 高学年 ……… 114

51 追うもの追われるもの 高学年 ………………………… 116

52 赤青アニメ 高学年 ……………………………………… 118

鑑賞

53 ようせいたちのかくれんぼ 低学年 …………………… 120

54 おもしろ昆虫コレクション 中学年 …………………… 122

55 作品のよさを伝えよう 高学年 ………………………… 124

おわりに ………………………………………………………… 126

1章　押さえておきたい！　短時間題材活用のポイント

1 授業準備のポイント

1 題材のイメージをもつ

　題材には必ずローカルな側面があり、全ての子ども、全ての指導者に適したものはありません。指導書の通り授業を行っても必ずしもその通りの成果が得られるものではないのです。私たちは、題材というものを「方法」としてとらえるのではなく、その題材がどのような意図で何を目指して考えられているかをイメージすることが大切です。

　自分が指導する子どもの様子や学校の環境、用意できる材料や道具、さらには、それを指導する自分が題材に共感しているかどうか。これら全てを把握しながら題材を一度自分の中に取り込んでよく考え、自分なりに題材のイメージをつくり出してから授業に取り入れていくことが求められます。つまり、指導書から活動の様子を頭の中でシミュレーションするのです。

　「これはできるけど、これは変えないといけない」と、自分を取り巻く環境に合わせた設定を考えます。道具がそろえられないのなら別のものに変える、予算の都合から材料の大きさを変える、導入のアプローチを変える、などカスタマイズは様々です。

2 子どもに配慮した準備をする

　材料はそれ自体が意味をもつ場合があります。それを手にしたとき、子どもはどう思い何を考えるのかをイメージします。例えば、材料として手渡した木っ端の先が鋭くとがっていたら、子どもはそこから「刃物」や「武器」をイメージしてしまうことでしょう。また、「殺」「死」といった見出しのある新聞紙を手渡してしまったら、子どもはそこから何を想像するでしょう。子どもがイメージをもってしまってから、「これはやめよう」とか「だめです」などと余計な指導をしなくてはならない状況ができる前に、手渡す材料に指導者の思いを込めて十分な準備を行いましょう。

> **ポイント**
> 　材料や用具の準備に、指導者の思いがあらわれます。子どもが何を感じて、何を思い、どんな工夫をしてほしいのか、材料の選択、大きさの設定、道具の準備など、使っている子どもの思いに自分を重ねて準備します。

2 材料集めのポイント

1 「ゴミ」を「材料」に変える

図工の授業のみならず，学校では様々なゴミや不用品が出てきます。これらを分類・整理して，子どもが魅力を感じるものに変えていくことが材料集めのコツです。

①使用済みの紙の端切れは形を変えて価値を上げる

工作などに使った工作用紙や色画用紙などの端切れは，そのままでは子どもは「よい紙」と思ってくれません。半端な尖った部分は切り落として，四角く形を変えてカード状にして箱に整理して入れておきます。カード状になった紙は子どもにとって価値が上がり，材料として積極的に使うようになります。

②不用品を整理する箱を設置する

セロハンテープやガムテープなどの芯は図工室のみならずどの教室でも出てくる不用品です。そこで，図工室前の廊下に「テープの芯」「ゼリーの容器」などと表示をつけた箱を設置しましょう。校内や家庭に呼びかけておけば，給食室や家庭で出たラップの芯やプリン・ゼリーの容器などを，子どもや保護者，先生が集めてきてその箱に入れてくれます。

③学校の樹木の剪定で出てきた枝をもらう

定期的な樹木の剪定のときは，木材を仕入れるチャンスです。主事さんや管理職にお願いしておき，剪定業者から分けてもらえるようにしておきましょう。できれば，業者に短く切っておいてもらえると使いやすいです。屋根のある場所でしばらく保管して乾燥させてから使います。

2 近隣の作業場や保護者に呼びかける

学校の近隣に，材木や布などを扱う業者や工場があったら，端材を分けてもらえるようにお願いをしてみます。業者や工場にとっても，廃材を学校で引き取ってもらえることになるので協力してくれることがあります。

また，保護者の会社やお店で端材を分けてくれる方がいるかもしれませんので，「図工だより」などで，「こんな材料を集めています」と呼びかけてみると，協力的なご家庭からたくさんの材料をいただけることがあります。もし，材料をいただけたら管理職からもお礼を言ってもらうようにしましょう。

ポイント

材料が集まっても，教材のカタログに載っているような便利なものばかりではありません。集まった材料をよく見て考え，その材料を使った素敵なアイデアで，上手に工夫して楽しい題材にしていく力が必要です。

1章　押さえておきたい！　短時間題材活用のポイント　007

3 材料・用具の使い方 指導のポイント

1 なぜこの材料なのかを考える

　材料というのは，それ自体が子どもの表現であり，発見であり，驚きであるべきだと思います。材料の特徴や肌合い，重さや硬さなど，子どもが皮膚や視覚・嗅覚などの体の感覚から受け取るものがどんなものなのかを，指導者は考えておかなくてはいけません。

　絵を描くとき，何も考えずに「四つ切の白い画用紙」を選んで子どもに渡してしまってはいないでしょうか。なぜ「四つ切の白い画用紙」なのでしょうか。指導者はこの理由を言えなくてはいけません。私たちは，材料を選ぶ，ということにもっと敏感であるべきだと考えます。例えば，木材を使うとき，どうして木材なのか？　どうしてこの形なのか？　どうしてこの長さなのか？　などは，必然的な理由をもって設定しているはずです。何も考えずに「たくさんあったから」「なんとなく」で選んでしまっていたら，それは子どもの姿が皆無な題材となります。

　特に2時間以内の題材に取り組むとき，材料の吟味は重要です。何を感じ受け取るかを子どもの気持ちになって十分に考えたいです。

2 用具を使うことの喜びを感じる

　例えば，水彩絵の具セットはただの「色を塗る道具」ではありません。何千何万の素敵な色をつくり出し，色をつけることで薄汚れた材料も生まれ変わらせることができる「すごい道具」なのです。また，のこぎりは，硬い木を子どものわずかな力でサクサクと切ることができる「すごい道具」なのです。

　私たちは，用具を「使い方」のみ伝えて子どもに手渡してしまってはいけません。用具のもっている能力の素晴らしさを，できる限り伝え，用具を使うことの楽しさや驚きを子どもが感じながら表現できる指導の工夫が必要です。指導者の子どもへの思いや造形活動への考えが用具の指導ににじみ出るようになれば，子どもの活動にもたくさんの驚きや発見が生まれると思います。

ポイント

　材料や用具の選択や準備の設定次第で，題材の造形的な要素の重要な部分が決まることもあります。なぜその材料・用具なのか？　理由や必要性を指導者なりに考え，授業に生かすことが大切です。

4 授業の導入のポイント

1 導入は楽しい活動の入り口

導入は，楽しいテーマパークの入り口のようなものです。中に入るとどんなに楽しい出来事が待っているんだろう，と子どもは期待感を膨らませることになります。単に，やり方や材料・用具の使い方を説明するのではなく，その題材が意図する造形活動の創造的な意欲の源が何になるのかを指導者はしっかり把握し，それを子どもにわかりやすく「翻訳」して伝えなくてはなりません。子どもが迷うことなく，楽しい活動に期待が膨らむ導入にしたいものです。

2 メモをつくって十分な準備をする

題材の造形的な目的や学ぶこと，材料の扱い，道具の使い方や安全指導など，導入では伝えたいことがたくさんありますが，短時間で全ては伝えきれません。題材にもよりますが，限られた時間の中で，子どもが飽きない程度の時間をかけて，伝えるべき事柄を効率よく話す必要がありますから，事前にメモをつくって，必ず伝えなくてはいけないことをリストアップしておくことが大切です。また，時間に余裕がないときは，板書や教科書，プリントなどで補うことも必要です。教材研究のときは，導入時のシミュレーションを十分にして，導入のイメージをつくっておくように心がけましょう。

3 説明だけでは活動の楽しさは伝わらない

導入では，説明したいことがたくさんありますが，何よりも大切なことは，題材のもつ造形的な活動の魅力を的確に子どもに伝えることです。この活動は，どこに発見や驚きがあって，何が子どもの表現の意欲を刺激するのかを指導者は十分に把握し，それをシンプルな言葉や実例を使って子どもに受け渡すことが最も重要なことです。また，その題材のどこに子どもはリアリティを感じ，魅力を見つけてくれるのかを，事前によく検討し，子どもにどう伝えるかを工夫しましょう。

ポイント

導入では，指導者の造形的な理解力が最も必要とされます。必ずしも指導書の指示通りではなく，題材の意図を把握したうえで，自分と目の前の子どもの感覚に合わせてデザインし直して行うことも時には必要です。

5 授業中の声かけ・支援のポイント

1 「声かけ」「支援」は少ない方がよい

「声かけ」「支援」をたくさん行うからよい指導になるのではありません。「声かけ」「支援」ばかりを行わなくてはいけない授業は活動が停滞している子どもが大勢いることになります。逆に子どもがみんな自分の表現したいことや目的にあふれている授業では余計な「声かけ」や「支援」は必要ないことになります。しかし，そのような理想的な授業は滅多にありません。たいていは「声かけ」「支援」を必要とする子どもが必ずいて，私たちはそういう子どもに対して感覚を敏感にし，適切な対応をしていくことが求められます。

2 いつ「声かけ」「支援」をするのか

子どもには「考える時間」が必要です。授業が始まってすぐに活動に入る子どももいますが，じっくり時間をかけて考え，自分なりの考えやイメージがつくられてから取り組む子どももいます。指導者は，そういう状況を見きわめてから「声かけ」「支援」を行います。せっかくイメージができてきた子どもに押し付けになるようなイメージを提供してしまったり，うかつに活動を強要してしまったりしては逆効果です。活動の停滞は，「迷っている」のか，「考えている」のか，「理解できていない」のかなど様々なケースを想定しておきながら，しばらく子どもを観察する「待ち」の時間も「支援」の1つであると考えておくのがよいと思います。

3 「声かけ」「支援」が必要なとき

子どもが一斉に活動していて慌ただしい状況にいると，活動をしていない子どもが視界に入らないときがあります。授業中は努めて一人ひとりの活動を確認して，子どもが何をしようとしているのかを考えていくことが大切です。「道具が使えない」「材料をもらいにいけない」「失敗したところが気になっている」など様々な原因が見えてきます。子どもの視点になって考え，その子どもだけではなくまわりの状況なども観察しながら適切な「声かけ」「支援」を心がけたいものです。

ポイント

一人の子どもへの「支援」を全体で共有した方がよい場合があります。まわりの子どもにも聞こえるような声で言ったり，活動を止めて全体で共有したりと，状況に応じた方法を考えてください。

6 作品鑑賞のポイント

1 鑑賞は次への意欲を育てる

　造形遊びや作品づくりをしたときは「鑑賞」の時間をつくってほしいです。授業をやったらやりっぱなしではなく，活動を学級全体で共有したり，自分の表現を友達との関係の中から一般化したり，友達の表現に自分とは違った魅力を見つけたりすることも大切です。授業で行ったことが様々なかたちとなって達成感や成果を生み，次回の授業につながる学びに向かう気持ちへと育っていきます。

2 表現と鑑賞を一体化する

　一口に「鑑賞」と言ってもいろいろな方法がありますが，短時間の題材では，「表現と鑑賞の一体化」が重要なキーワードです。
　子どもは造形活動をしているとき，感性を敏感に働かせながら，自分のまわりの様々な刺激に対して関心を広げています。隣の友達のしていること，遠くの物音，匂いなどあらゆることを見て，聞いて，感じて，それを自分の表現に取り込んでいきます。このとき，子どもは表現をしながら鑑賞をしていると言えます。短時間題材では，このような，子どもに自然に起こる鑑賞活動を生かしながら授業の組み立てをしていくことが必要です。

3 遊びや交流をしながら表現する

　場やツールを用いて，意図的に「鑑賞の場」を設定することができます。例えば，①表現したものを共有の場に置いて表したり，②友達との交流を促すツールを用いたりしながら，「鑑賞の場」をつくります。

〈例〉

①空想の「おもしろ昆虫」をつくり，共有の「標本箱」に展示していく。

②ペープサートを使って絵の中に入り込み，友達の作品の世界に出かけて遊ぶ。

ポイント

鑑賞のために特別な時間設定をしなくても，表現の方法や場の設定を工夫することによって，無理なく題材の中で「鑑賞の場」は生まれ，表現活動と一体化させることができます。

7 まとめ，片付けのポイント

1 「感じる喜び」を目標にする

　題材のまとめとは，「完成」ではなく，「感性」であると思います。

　一番いけないのは，子どもに大人の価値観で「完成」の基準を示すことです。例えば，「塗り残しをなくすこと」や，「輪郭線で囲む」や，「細かいところまで描く」といった「努力」を伴うような基準です。これらは大人目線の「完成」への基準であって，子どもにとってはすでに「表現」ではなく退屈な「仕事」であると言えます。また，保護者会に向けての展示や校内作品展のために各学級で「質」をそろえる必要はありません。

　図工とは，身近な世界の様々な事象の不思議や美しさや驚きや発見を，造形活動を通して感じ，みんなで共に味わうことが大切なのだと思います。塗り残しや余白があっても，形がぼけていても，稚拙であっても，そこに子どもの「感じる喜び」が表出されているならば，それで十分なのではないでしょうか。題材がまとめの段階に入ってきたならば，何をもって「終わり」にするかをよく考え，大人の価値観の押しつけにならないように注意したいです。

2 片付けのための環境づくりをする

　造形活動が活発になればなるほど片付けの量は増えてきます。よい活動を期待するなら

ば，片付けの苦労を惜しんではいけません。逆に片付けを楽にするために材料を限定したり道具を減らしたりしては本末転倒になります。

　子どもの活動をある程度予測して，片付けに必要な準備を整えておけば，子どもたちだけで片付けが進んでいきます。目立つ表示と日頃の習慣といった環境づくりを心がけて片付けの負担を軽くしましょう。

　以下は，具体的な環境整備の例です。

○材料を分別する箱を用意する。

- 「小さな木材」「中くらいの木材」「色画用紙」「ボール紙」など，細かい表示をする。
- テープの芯のような，材料にもなる不用品入れを設置する。

○道具の片付け場所を決めておく。

- 目立つ表示で，日頃使う道具の置き場所がわかるようにする。

○常に作業机を片付けられる用意をする。

- 雑巾を用意しておく。
- 細かいゴミ用の小ぼうきやゴミ入れを用意する。

ポイント

　図工室をユニバーサルデザイン化します。道具や材料などの片付け場所は，シンプルな絵を添えた表示をつくったり，片付けの導線をイメージして棚や箱を設置したりして，言葉なしで伝わる環境をつくりましょう。

8 時間差調整のポイント

1 早くできた子どもに対応する

　授業の後半では必ずと言っていいほど，制作の進み方の個人差という悩みをもつことになります。早く課題が終わったから算数のドリルをやる，など，図工とは関係ない方法で時間調整はしないで，取り組んでいる題材をより深めていってほしいところです。

　「早く終わった」と言ってきた子どもに対して気をつけたいところは，表面的な価値観で課題を与えてしまわないことです。「余白があるから何かを描き加えよう」「もっと丁寧に塗りましょう」というような指示は，子どもにとっては余計な「作業」として感じられるかもしれません。題材の目的を子どもと確認しながら，作品の中にもっと何が必要なのか，自分の表現したいことは具体化できているのか，などを話し合いながら，作品をさらに深める方法を探っていくことが大切です。

2 さらに作品を深めるために工夫する

　指導者が時間調整のために無理をして課題を見つけていくことは厳禁です。子どもの様子を観察しながら，まだ深められるところがある場合のみ指示をしていくことが大切です。

　以下は，具体的な指示の工夫例です。

①友達の作品を鑑賞し，テーマへの様々なアプローチを見つける。

- 授業の途中で「鑑賞タイム」を設け，表現方法を共有できるようにする。

②紙を足して，作品の世界を広げてみる。

- 導入の段階で，紙を足してもよいという可能性を子どもに示しておく。

紙を継ぎ足して作品の世界を広げる

③作品の魅力を引き出すための新しい絵の具や色，材料などを提供する。

- 金色，蛍光色，透明素材など普段使っていない材料からイメージを広げる。

④細い筆や細字のサインペンなど，細かい細工がしやすい道具を貸し出す。

- 細かいことが苦手で深められないことがある場合は，細工しやすい道具をすすめる。

ポイント

　子どもは，一旦「完成した」と思ったことに対してさらに課題を見つけていくことを負担に感じることがあります。決して強要せず，「こういう方法もあるよ」と示唆する感じで提案するようにしたいです。

9 学級の実態に合わせた題材応用のポイント

1 学級の実態を把握して題材を選ぶ

題材は全ての学級に合わせてつくられているものではないことを指導者は心得ながら授業のプランを考える必要があります。本書のような参考書や教科書の指導書などに書かれている指導案はあくまでも「例」であって、それを参考にしながら学級の実態に合わせて指導案をデザインし直し、実際の授業に臨みます。したがって、まずは自分が指導する学級がどんな様子なのか「実態」を客観的に把握しなくてはいけません。

説明をよく聞くのか、あまり聞いてくれないのか。元気がある（騒がしい？）、活気がある、おとなしい、意欲がある、消極的…などなど。授業を行う学級をイメージしながらシミュレーションして子どもの実態に合った題材を選択します。

2 学級の特徴を生かした場の設定をする

図工の授業では、最初の導入は大変重要です。導入を静かに集中して聞ける場合は問題ありませんが、聞けない学級には、指導者は題材の設定から工夫を強いられます。説明を理解できないなら、材料に魅力があるものを選び、場の設定でおおよその活動が子どもに予測できるように工夫しましょう。

例えば、机の上に金づちとクギと木片が置いてあるとします。この場を子どもが見たらどう思うでしょう？　導入で全く何も言わなくても、子どもは「今日は、木にクギを打つの？」と聞いてくるはずです。これは、木片にクギを打ちたくてたまらない状況（場）なのです。これはほんの一例ですが、こういう子どもの自然な表現欲求を刺激するような場がつくれたら、言葉が少なくても材料の力と場の設定だけで活動が進むようになります。

学級の特徴を生かしながら題材を応用し、場の設定を工夫することで、指導の不足を補うことができます。

ポイント

学級の様子は毎年変わります。昨年うまくいった題材でも、今年の学級で同じようになるとは限りません。子どもの実態をよく観察し、題材の造形的な本質を押さえながら、子どもに合わせた工夫や応用を考えましょう。

10 短時間題材を前後の題材と関連させるポイント

1 「すき間」に題材をあてる

6時間以上かかる大きな題材が終わりに近づくとき，子どもの進度には大きな差が生まれることがあります。1〜2時間の差がつくことも珍しくありません。このようなときに，この差を埋めるために早く進んでいる子どもにあてがう短時間題材を，「すき間題材」という呼び方をすることがあります。大抵は，1〜2時間程度のもので，多くの説明を必要とせず，子どもが直感的にわかるものが適しています。

2 前の題材との関連性をもたせる

ただ単に，1〜2時間の題材を用意すればよいということではなく，ここでは，これまで行ってきた題材との関連性を十分に配慮した工夫とアイデアが必要となります。

①「領域」としての関連性をもたせる

「絵」の題材が早く終わってしまった子どもに「立体」や「工作」の題材を与えると，まだ「絵」をやっている子どもに，「立体」や「工作」の意識が生まれます。「私も工作やりたい」という気持ちは，中途の「絵」をいち早く終わらせてしまいたい，という気持ちに変わり，前の題材への集中力が減退することになります。できるだけ，前の題材の領域と隔たりがない題材を選ぶことが大切です。

②材料との関連性をもたせる

早く終わった子どもに短時間題材としての材料をあてがうときにも配慮が必要です。紙に絵の具で描いていたところへ，ダンボールやベニヤ板のような材料が与えられたら，絵の具を使っている子どもは「私も使いたい」と思うかも知れません。材料のギャップは避け，ここでは前と同じような絵の具で行える短時間題材をあてていくことが必要です。

③用具に配慮する

領域を合わせていても，使用する用具にギャップがあると困る場合があります。例えば，はさみやカッターで切ってつくる工作のとき，早く終わった子どものクギを打つ音がしたり，電動糸ノコギリの音がしたりすると，そちらへの関心が高まり，今までの活動に対しての集中力が削がれてしまいます。領域が同じでも，使用する用具への配慮が必要なことがあります。

> **ポイント**
> すき間にあてる題材は，前にやっていた題材よりも（表面的には）魅力的に見えてはいけません。なぜなら，子どもがすき間題材をやりたくなって，前の題材を早く切り上げてしまうことになってはいけないからです。

1章 押さえておきたい！ 短時間題材活用のポイント 015

2章 2時間でできる！図画工作題材55選

1 カラフルジェットコースター

低学年　造形遊び　全2時間

▼ ねらい ▼
様々な色の画用紙の帯を，ジェットコースターのコースのように曲げたり折ったり重ねたりして遊びながら想像し，材料から思いついた形や色の変化などを画用紙に貼って表す。

題材の概要

画用紙の上に，細く切った色画用紙の帯を遊園地のジェットコースターのコースのように曲げたり折ったりひねったり重ねたりして触りながら想像し，思いついた形に変化させることを楽しむ。小さく切ったスチレンボードを細い棒の先に取りつけてジェットコースターの台車に見立て，それで紙の帯でつくったコースの上をなぞることによって，自分や友達のつくったコースを走る疑似体験をしながら鑑賞する。

授業準備

準備（45分）
様々な色の色画用紙を重ね，裁断機で2cm程度の幅に切り，紙の帯をつくる。スチレンボードを2cm×3cm程度に切る。竹ひごを15cm程度に切る。

材料・用具
画用紙（四つ切程度），色画用紙の帯（幅2cm程度），スチレンボード（2cm×3cm程度），竹ひご（細いストローなどでも可），のり，はさみ，セロハンテープ，クレヨン（またはカラーマーカー）

授業の流れ

手順 1（15分）
「今日はこの紙テープで遊ぼう」と，帯状に切った色画用紙を提示する。

紙テープの端にのりをつけて画用紙の上に貼っていく。「面白い貼り方はありますか」と，子どもにいくつかのアイデアを出してもらう。アイデアはみんなで共有する。子どもからは，「まるでジェットコースターのコースみたい！」「電車の線路みたい！」などの声があがる。ここで共有したことを基に，面白い貼り方を工夫して楽しむように伝える。

016

指導のポイント

ポイント1

造形遊びとして考えるならば，紙の帯と存分に関わり，そこから表現の仕方を思いついてはじめて十分な活動と言えるが，ここでは「ジェットコースター」という言葉を子どもに与えている。子どもの普段の様子や教師との関わりを鑑みて，より造形表現が広がっていきそうであれば，イメージの核となるキーワードを与える必要がある場合も考えられる。

ポイント2

紙の貼り方を工夫して終わるのではなく，本題材は「遊び」に焦点を当ててみた。竹ひごとスチレンボードでつくったジェットコースターによって，「視点」は自分から友達へと広がり，鑑賞題材としての意味ももつようになる。子どもは疑似的に作品の中に入り込み，空想の世界を楽しむことができる。

(玉置)

手順 2 (45分)

紙の帯を折ったり，曲げたり，重ねたり，つなげたりと，様々な形の工夫の仕方を見つける。立てたり寝かせたりと様々な貼り方を工夫する。

手順 3 (30分)

紙の形から思いついたものがあったら，画用紙にクレヨンで色をつけたり絵を描いたりする。竹ひごの先にスチレンボードを取りつけたものをジェットコースターに見立てて，自分のつくった紙の帯の線をたどってみる。また，友達の作品の線もたどって鑑賞する。

2 ふわーり ふしぎなせかい

低学年　造形遊び　全2時間

▼ねらい▼
室内もしくは野外に張られたロープに，息を吹き入れて膨らませたポリ傘袋を取りつけて遊びながら，普段の見慣れた環境が短時間に劇的に変化していく様を感じて楽しむ。

題材の概要

廊下や校庭に張られたロープに，息を吹き入れて膨らませた大量のポリ素材の傘袋を縛って取りつけ，身近な環境や普段の見慣れた風景を短時間で変化させて楽しむ題材である。活動は膨らませた傘袋をロープに取りつけるだけの単純な活動であるが，白い半透明の傘袋が子どもの想像を超えた量でぶら下がっていき，わずか数十分のうちに環境が劇的に変化していくことへの驚きや発見を体験することができる。

授業準備

準備（45分）

廊下や校庭，体育館など，広い活動場所を用意する。活動場所にロープ（または荷造りロープなど）を環境に適したくくり方で張り巡らせる。ポリ傘袋の束を子どもが取り出しやすい場所に設置する。

材料・用具

大量のポリ傘袋，ロープ（荷造り用のロープなど）

授業の流れ

手順 1（20分）

「ポリ傘袋に空気を入れて口を結んで『ふわーり』をつくり，ロープに縛って取りつけよう。張ってあるロープの色々なところに『ふわーり』をつけて，この部屋（場所）を『ふわーり』でいっぱいにしちゃおう！」と提案して，活動を開始する。

指導のポイント

➡ ポイント1
　ポリ傘袋に息を吹き入れたり，口を縛ったりすることがうまくできない子どもがいた場合は教師が支援する必要がある。ロープの張り方は，子どもの活動状況を予想し，ロープの交差する密度や高さなど，安全面を考えた配慮が必要である。特に，ロープの高さに関しては，もしも子どもが走ったときに首に引っかかってしまわないよう，高さを調節する。

➡ ポイント2
　雨天などの理由で野外で活動できなかったときは，ぜひ室内で行ったものを活動が終わったあとに取り外して野外に展示し，風を受けてふわふわとなびいたり，光を透過して美しく輝いたりする「ふわーり」の世界を子どもに鑑賞させてほしい。風や光といった自然との関わりを感じられることもこの題材の魅力である。　（玉置）

手順2 （45分）
　ロープにすき間があったら，ポリ傘袋で埋めていく。教師は，「『ふわーり』がいない場所はないかな？　もしあったら『ふわーり』をたくさんつけてあげてね」というように声をかけていく。

手順3 （25分）
　活動場所が「ふわーり」でいっぱいになってきたら，「ふわーり」の下にもぐって歩き，「ふわーり」の不思議な世界を探検して楽しむ。

3 こんなところに○○くん

低学年　造形遊び　全1時間

▼ ねらい ▼
ものの色や形，場所などからイメージして，それらを擬人化し，想像した顔を紙やペンなどを使って表現できる力を育てる。

題材の概要

子どもたちは普段，身の回りにあるものを何気なく使いながら過ごしている。この題材では，普段は意識しないものの色や形，どんなところでどんな使われ方をしているのかなど，そのものの特徴や自分との関わりを意識して，その特徴に合った「顔」をつけて擬人化する。そのものを改めて見つめ直しながら，楽しんで顔をつけていく。擬人化することで，ものを今まで以上に意識して見ることができるようになる。

授業準備

準備（5分）

画用紙を適当な大きさに何種類か切っておく。人数×2〜3倍分くらい用意する。説明用の作例をつくっておく（授業の導入でつくりながら説明してもよい）。

材料・用具

画用紙，はさみ，マーカーペンなどの着色用具，セロハンテープ

授業の流れ

手順1（10分）

「ものにもし顔があったら，もっと仲良くなれそうな気がしない？　アニメなどでは，ものも話しかけたりしてくるよね」と投げかける。

そのものの特徴からどんな顔をつけたいかを聞いてみたり，教師が実際に簡単な顔をつけてみせたりしながら，イメージを膨らませていく。

指導のポイント

➡ ポイント1

なかなか思いつかない子どもには、「ランドセルカバーの黄色い色からヒヨコ、ぶんぶん振り回されるので黒板消しは苦しい顔」など、考えるヒントを声かけすると思いつきやすい。

➡ ポイント2

どうしても、ものの大きさに対してつける顔が小さくなりすぎてしまう子が多い。小さなものには小さな顔、大きなものには大きな顔というように、ものの大きさに合わせて顔の大きさもつくると、ものに顔がついているように見えやすいとアドバイスする。　（大畑）

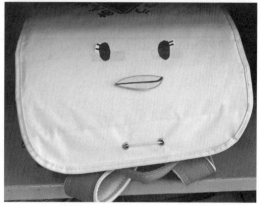

手順 2 （25分）

色や形、場所や用途などを考えながら、そのものの大きさに合わせて顔のパーツを画用紙にマーカーなどで描く。描いたパーツを切り取り、セロハンテープでそのものに貼っていく。セロハンテープはパーツの大きさに合わせて、丸めて裏につけたり、上から貼ったりする。

早い子は、2つ3つとどんどんつくっていく。

手順 3 （10分）

『こんなところに○○くん or さん』と○○に名前をつけて話しかけながら、楽しんで友達の作品を見つけていく。

面白い○○くん発見情報を発表して、みんなで共有する。

隠れた顔を発見！

4 チョキチョキすいぞくかん

中学年　造形遊び　全2時間

▼ねらい▼
ミラーマットを切って想像のお魚をつくり，大きな水槽に見立てたポリシートにテープで貼ってお魚が泳いでいるような水中の世界を楽しみながら作品展の会場を飾る。

題材の概要

校内作品展の会場を飾る大きな共同造形物である。ガラス食器などを梱包する「ミラーマット」という素材を使って想像上のお魚の形をはさみで切り取り，水族館の大きな水槽に見立てたポリシートに，切り取ったお魚を泳がせて楽しむ。学級全員のお魚が，体育館の天井まで届きそうな大きな空間をにぎやかに泳いでいる様子を想像しながら，形や組み合わせを考えることを通して，友達と関わる造形活動を楽しむ。

授業準備

準備（45分）
制作は廊下で行う。ポリシートを廊下に敷き，端を養生テープで固定する。ミラーマットを適度な大きさ（30cm四方程度）に切り，シートに対するお魚の占める割合に適した分量を用意する。

材料・用具
ミラーマット（食器用梱包材），ポリシート（180cm×8m程度），セロハンテープ，養生テープ，はさみ，吊り下げに必要な材料（材木，ひも）

授業の流れ

手順1（20分）
「体育館に水族館をつくろう」と提案する。体育館の天井まで届きそうな大きな水槽を想像し，そこにたくさんのお魚が泳いでいる姿を思い浮かべる。

「この水族館にはどんなお魚が泳いでいるかな？」と問いかけ，みんなでいろいろなお魚の形を考えたり，名前を挙げたりして楽しむ。

お魚のイメージが共有できたところで，はさみを使って，ミラーマットをお魚の形に切る。

指導のポイント

ポイント1

ポリシートは「ノンポリシート」という名前で市販されている，半透明の薄い材質のものを使う。ポリシートを水槽に見立てて行うので，制作の際は子どもたちがポリシートの上に乗って表現する空間が隠れてしまわないように気をつける。お魚を切り取るときはポリシートの外側で行い，ポリシート上で作業しないようにする。シートは乱暴に扱うと破れることがある。

ポイント2

ただ形を切って貼るという作業にならないよう，お魚の形や特徴などをイメージして想像が広がるような活動にしたい。また全員でイメージを共有することで，友達との関わり合いから発想が生まれることがあるので，導入時の発想のやり取りは必ず行いたい。体育館への飾りつけは，別の時間を取って安全に配慮しながら教師が行う。　　（玉置）

手順2（40分）

ミラーマットを切ってつくったお魚を，セロハンテープでポリシートに貼っていく。お魚の端が垂れ下がったり取れてしまったりしないようにセロハンテープで形の両端をしっかりつけるようにする。

手順3（30分）

全体を見渡してお魚の配置のバランスを見る。大きなすき間があったり貼っていない部分があったりしたら，そこを補って貼りつける。最後は全員で鑑賞する。

5 ドライブにGO

中学年 造形遊び　全2時間

▼ねらい▼
お気に入りのマイカーをつくり，その車でどんなところに行きたいかを想像しながら，道や駐車場など，画用紙を使ってドライブコースをどんどんつくることを楽しむ。

題材の概要

小さく切った角材をベースに，ドライブに出かけるためのミニカーをつくり，画用紙を使って道やまわりのものなどを，楽しんでどんどんつくっていく。

自分の思いの広がりと共に，見慣れた教室が違う世界にどんどん変わっていく体験をする。

授業準備

準備（30分）

垂木などミニカーのベースになる木材を3.5cm×4.5cm×5〜6cm程度の大きさに人数分切っておく。ミニカーのパーツになる木切れを，四角柱や三角柱など，色々な形に切っておく。黄ボール紙を5cm四方程度に切っておく。

材料・用具

画用紙，垂木，様々なサイズの木切れ，黄ボール紙，セロハンテープ，接着剤，はさみ，画鋲，マーカー類

授業の流れ

手順1（40分）

「今日はみんなで車に乗ってドライブに出かけよう」と提案する。

ベースの垂木に，小さな木切れを貼ったり，黄ボール紙でタイヤやその他のパーツをつくったりして，ミニカーの形にする。そして，全体にマーカー等で色を塗っていく。タイヤを回したいときは，画鋲を使うことなどを提案する（画鋲を使うときは，画鋲の直径よりもタイヤが大きくないと回らないことも説明しておく）。

024

指導のポイント

➡ ポイント1

この題材は、ドライブに出かける活動（**手順2・3**）がメインなので、ミニカーづくりは時間を区切って時間内に収めるようにする。ミニカーづくりに時間をかけ過ぎるとドライブに出かけられないので、時間と内容を考えるようにとしっかり説明しておく。

➡ ポイント2

ドライブコースづくりは、アイデアによってはテーブルや椅子などを使いたいという子どもも出てくることが予想される。テーブルに椅子を乗せたり、重ねたりした場合の、落下防止の手立てなどをアドバイスできるようにしておく。

（大畑）

手順 2 （40分）

画用紙を自分の好きな形に切り、セロハンテープで貼りつけながら、ドライブコースをつくっていく。テーブルの下をトンネルにしたり、廊下に続いていったりするなど、好きなところに思いつくままどんどん広げていく。

手順 3 （10分）

はさみやテープ台、紙の切れ端などを片付けて、足元に危険なものがないことを確認する。ミニカーで、みんなのつくったドライブコースに沿って、楽しみながらドライブに出かける。

6 カガミのせかい

高学年 造形遊び 全2時間

▼ねらい▼
カガミを合わせて現れる不思議な世界を見つけたり試したりしながら，紙や木材などを組み合わせて生まれる色や形の面白さを使って，カガミの中の空間や奥行きをつくって楽しむ。

題材の概要
カガミを合わせることによって見える不思議な世界を体験し，カガミの合わせ方や角度などによって変わるカガミの世界の見え方や空間の広がりを見つけたり試したりしながら，合わせカガミの世界の面白さを感じる。さらに，カガミやそのまわりに身近な材料や道具などを組み合わせたり貼りつけたりしながら，カガミに映り込んだ色や形の変化や奥行き，形の連続性などを考えたり楽しんだりする。

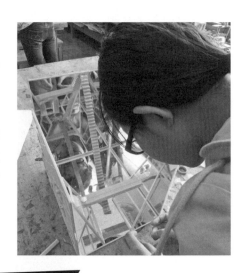

授業準備

準備（45分）
1グループに3～4枚程度のカガミを用意する。色画用紙，ボール紙，細かい木片などを使いやすいサイズに切っておく。土台となる画板に画用紙を貼っておく。

材料・用具
カガミ（A4判程度），紙各種（ボール紙や段ボール紙，色画用紙，色ケント紙など），細かい木片，粘着テープ，セロハンテープ，画板，デジタルカメラ，モニター

授業の流れ

手順1（30分）
3人程度のグループをつくり，カガミを3枚配る。

自由にカガミを組み合わせて遊び，面白い見え方を考えたり見つけたりする。カガミの枚数を増やしたり置き方を変えたりするなど組み合わせ方を工夫する。

カガミの組み合わせ方を決定し，粘着テープでカガミを固定する。

026

指導のポイント

ポイント1

カガミを組み合わせて遊ぶことだけでも十分に楽しい行為なので,教師がやって教えるのではなく,そこで見つける発見や驚きを子ども自らが獲得していけるようにしたい。試行錯誤が存分に行えるようにカガミは余分に用意しておきたい。

割れると危険なので取扱いには十分注意する。

ポイント2

紙や木片のような材料だけではなく,身近にある道具など(はさみ,鉛筆,三角定規のようなもの)も表現の素材になるので,子どもがそういうことを無理なく意識できるような場の設定や導入の工夫も必要である。例えば,共用のはさみや定規などを,子どもから見える場所にたくさん用意しておくなど,言葉はなくても場の設定が語ることが多くある。

(玉置)

手順2 (45分)

組み合わせたカガミの反射面の近くに,身近なものや,紙や木材などの材料を組み合わせて置き,そこに映る色や形や空間を楽しむ。表したいものが決まったら,配置したものをセロハンテープで貼りつけて固定する。

手順3 (15分)

表現ができあがったら,デジタルカメラで写真を撮って記録する。他のグループの表現も鑑賞して回る。最後に,記録した写真をモニターで鑑賞し,全員で共有する。

7 高学年 造形遊び ふわーり タワー

全2時間

▼ねらい▼
ポリ傘袋に空気を入れて棒状にしたものを構成しながら様々な形や空間をつくって楽しみ，そこから生まれた立体の組み合わせ方を工夫して大きなタワーを組み立てる。

題材の概要

ポリ傘袋に空気を入れ棒状にしたものを組み合わせることを楽しみながら，傘袋が生み出す線を構成することで立体的な構造物をつくることを楽しむ題材である。個人またはグループでそれぞれ傘袋を組み合わせていきながら，線がつくり出す形や空間を発見しその面白さや美しさを楽しみながら立体的な構造物をつくって表す。さらに様々なグループがつくった立体を全体で1つにまとめて大きなタワーにしていく。

授業準備

準備（45分）

右図を参考に，荷造りテープを天井の梁に通し，作品を上へ引き上げられる仕組みをつくっておく。
ポリ傘袋同士を結束する荷造りテープを20cmほどに切り，多量に用意する。

材料・用具

ポリ傘袋，荷造りテープ，セロハンテープ，はさみ

授業の流れ

手順①（20分）

授業のめあてや学ぶことを確認する。
「ポリ傘袋の『線』を組み合わせて，立体をつくろう」と投げかける。
ポリ傘袋に息を吹き入れて膨らませ棒状にする。口をねじって絞り，傘袋の圧を高めてからねじった部分を折り曲げてセロハンテープでとめる。

028

指導のポイント

ポイント1
傘袋には素材の質の違うものが様々あるので，できれば透明なポリ製のものを選ぶ方が空気が抜けにくい。事前にいくつかサンプルを取り寄せ，空気が抜けにくい材質のものを選びたい。時間が経つと少し空気が抜けるため，長期の展示には向かない。

ポイント2
膨らませたポリ傘袋を組み合わせるときは，事前に教師が短く切った荷造りテープで端を結んで組み合わせるようにする。セロハンテープで接続すると，天井から吊り下げた際に重みでセロハンテープが引っ張られて穴ができてしまう。空気が抜け気味のものは端の方を荷造りテープで縛ると圧が高まり傘袋に張りがもどる。

（玉置）

手順2（45分）
グループや個人でポリ傘袋の線の組み合わせ方を工夫し，面白い立体をつくって楽しむ。

複数の立体物を荷造りテープでつないで，より大きな構造物にする。また，つくった立体を身につけたり並べたりして楽しむ。

手順3（25分）
グループで組み合わせた立体物を，教師が事前に活動場所に吊り下げておいた荷造りテープにくくりつける。

先にくくりつけた立体物の下につなげて別のグループの立体物を荷造り用テープでくくりつけて組み合わせる。

全てのグループの立体物を組み合わせながら吊り下げていく。教師がギャラリーに立って荷造りテープを引っ張り上げ，その構造物がタワーのように立ち上がったら，その様子を全員で鑑賞する。

8 ジャイアント・コクーン

高学年　造形遊び　全2時間

▼ ねらい ▼
友達と協力して，細長い材料を網目のようにつないでつくる形を楽しみながら，自分をとりまく空間を変化させるような大きな造形物を立ち上げて，環境の変化や雰囲気を楽しむ。

題材の概要

校内作品展の会場を飾る広い空間を使った造形活動である。大きめの白いビニール傘を屋根にして，そこからPPバンドをステープラーで網状につなげて線がつくる形を楽しみながらまゆのような大きな空間を友達と協力し合いながらつくりあげていく。「つなげる」という単純な行為を続けていくことによって高いところへ立ち上がっていく大きな造形物は場の空気を一変させ，不思議な空間をつくりだす。

授業準備

準備（60分）

「指導のポイント1」を参考に，体育館の梁などからビニール傘を吊り下げ，子どもの顔の高さにくるよう調整する。必要量のPPバンドを50cm程度に切っておく。

材料・用具

丈夫なビニール傘，PPバンド（または帯状に切ったプラベニヤ），針金，丈夫なフック（プールのコースロープに使うものなど），細い丈夫なロープ（トラロープなど），ステープラー，はさみ，布粘着テープ

授業の流れ

手順1（30分）

「PPバンドをステープラーでつないで網のようにして壁にしていき，人が入れるくらいの空間をつくろう」と，活動のめあてや方法を伝える。

子どもの顔の高さに吊るしたビニール傘の端にステープラーでPPバンドを網目状につないでいき，壁をつくる。足元まで壁がつくれたら上から吊るして垂らしてあるロープを引っ張り上げ，最下部が顔の高さになるようにする。

指導のポイント

ポイント1

傘の頂点にくくりつける針金は、突起部のみに巻くだけだと外れることがあるので、傘のビニール部分に少し穴を開け、骨の部分にまで絡ませておくようにする。

ロープで作品を引き上げる際、破損することがあるので、修復しやすいように脚立などを用意しておくと便利である。また、ステープラーの針先の扱いに注意する。

ポイント2

材料は丈夫で軽い材質のPPバンドが丁度よいが、プラベニヤを細く切ったものでも構わない。材料によっては高さが増してくると重量が増えるので、ビニール傘の頂点の固定は念入りに行うようにする。安価なビニール傘を使うと傘の骨が重量に耐えきれずに折れてしまうことがある。

（玉置）

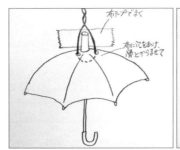
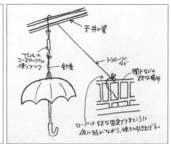

手順2 （45分）

材料をステープラーで網状につないでいく行為を繰り返し、つくった壁が床に届きそうになったら、ビニール傘の頂点から梁に吊るしてあるロープを引っ張り上げる。この活動を繰り返す。

高さが5〜6m程度に達したら、引き上げるロープをギャラリーの欄干などに固定する。

手順3 （15分）

壁の最下部が、ちょうど床面の高さになるようにロープの引き方を調節し、しっかり固定する。壁の材料の下部を一部切り取って入り口をつくる。

壁の最下部を、布粘着テープを使って床に接着する。

最後に、引き上げた際に破損した箇所を修理する。

9 パッキングアートでいい感じ

高学年　造形遊び　全2時間

▼ ねらい ▼
垂らした洗濯のりの上に様々な色の染料を加えながら，刻々と変化していく色や形の様子を楽しみ，上から重ねたフィルムの上で色と形を変化させて自分なりの「いい感じ」を表す。

題材の概要

透明フィルムの上に洗濯のりを多めに垂らし，そこにスポイトなどで様々な色の染料絵の具を考えながら加えていき，動いたり混ざったりして少しずつ変化していく色や形の移り変わりを感じて楽しむ。また，そこにもう1枚のフィルムを重ねて絵の具をはさみ，上から指や手で絵の具を動かしながら自分の「いい感じ」を表現し，その様子からイメージや題名を考える。

授業準備

準備（60分）

凧染料を水に溶き，色ごとにプラカップに入れて分けておく。透明フィルムは，人数分×2×活動回数分の量を用意する。鑑賞の際に画像を映すモニターを用意する。

材料・用具

洗濯のり，凧染料，スポイト，プラカップ，透明フィルム2枚，画用紙（白色），デジタルカメラ，モニター

授業の流れ

手順1（30分）

「言葉で表せないけど，色や形が『いい感じ』だなって思うこと，あるよね。一瞬で消えてしまうけれど，『ああ，あれってよかったな…』という感じ。今日はそういう『いい感じ』を表してみます」と投げかける。画用紙に透明フィルムを1枚のせ，その上に洗濯のりをたっぷりのせる。そこに水に溶いた凧染料を垂らし，指で混ぜたりしながら「いい感じ」を探っていく。「いい感じ」ができたらそれに名前をつけ，デジタルカメラで撮る。

指導のポイント

ポイント1

洗濯のりはそのままの状態で使ってよい。凧染料は洗濯のりに溶け込む状態を予想して水に溶き，色が鮮やかに見えるような丁度よい濃さをつくって用意したい。凧染料を垂らした瞬間に美しい色の広がりを感じるくらいにならないと，この題材の魅力が半減する。事前に染料の濃さと使用する色の選択・吟味をしておきたい。

ポイント2

この題材は，材料や環境を整えれば活動はシンプルであるが，一瞬で変わったり刻々と変化していく色や形を見て，驚いたり感じたりする子どもの様子をよく観察し，そのときその場で子どもと一緒に感動し，現れた表現に対し即時に適切な評価を言葉にしてあげることが求められる。

（玉置）

透明な板の上にのせ，下から見て鑑賞する

造形遊び / 絵 / 立体 / 工作 / 鑑賞

手順2 （30分）

手順1で行ったものに上からもう1枚の透明フィルムをかぶせ，今度は指を使ってフィルムにはさまれた染料を動かしながら「いい感じ」を探していく。「いい感じ」ができたら，それに名前をつけてデジタルカメラで撮る。

手順3 （30分）

いくつかできあがった「いい感じ」を並べたり重ねたりして，これらの表現に新しい意味を考える（このときに，大きなガラス板や塩ビ版などの上に置いて，下から眺められる環境を用意できれば大変よい）。並べた感じや下から眺めた感じをデジタルカメラで撮る。撮影した写真をモニターに映してみんなで鑑賞し，つけられた題名と表現を照らし合わせながら，「いい感じ」はどんなところにあるかを話し合う。

2章 2時間でできる！ 図画工作題材55選 033

10 床をかざろう

高学年 造形遊び　全2時間

▼ねらい▼
いろいろな視点で見ながら自分のやりたいことを見つけ，紙の材料を使って楽しんで床を飾ることができる。

題材の概要

絵の具で汚れている見慣れたいつもの図工室の床を紙を使って飾ることで，イメージを変えていく題材である。「自分がどうしていきたいか」「友達とどのように関わるか」「視点を変えるとどのように見えるか」の3つのことを大切にして活動していく。最後に，変身した図工室を，みんなで高い位置から眺める。

授業準備

準備（15分）

図工室の机を全て壁に寄せて，中央に大きくスペースをとる。制作途中の確認や最後の鑑賞の時間の際に机に乗るので，上り下りができるよう，机の近くの何カ所かに椅子を配置する。

材料・用具

紙類（クラフト紙，画用紙など），セロハンテープ，はさみ

授業の流れ

手順1（15分）

「絵の具だらけで汚い床を，みんなの作品で飾ることで，きれいな床に変えていこう」と提案する。

まず，用意されたスペースの好きなところにしゃがむ。足元に名前を書いた紙を貼り，自分のまわりを紙で好きな形に囲んだあと，紙とセロハンテープで自由に飾っていく。

指導のポイント

▶ ポイント1
　まわりの友達と会話したり，友達がつくっている様子をよく見たりするなど，コミュニケーションをとりながら進めるように声をかけることが重要。そうすることで，友達の作品から影響を受けたり，会話の中から新しいアイデアが浮かんだりするなど，図工室の床を飾るという目的に向かって，自分がやっていきたいことはどんなことなのかを深く考えることができる。

▶ ポイント2
　作業の途中で，座った視点，立った視点，高い所から図工室全体を見渡す視点など，いろいろな視点から見る。そうすることで，自分たちがつくった飾りがどう見えるのか，このあとどうしていきたいのかを考えていく。机に上るという普段できないことで気持ちがたかぶることもあるので，しっかり約束を決めて，怪我のないようにすることが大切。　　　　　　　　　　　　　　　　　　（大畑）

手順 2 （65分）
　自分の囲いの中を飾っていくのか，外へ向かって伸びていくのか，友達とつながっていくのかを自由に考えながら床を飾っていく。ときどき机に上って全体を見渡しながら，どうやったら床全体が飾られるのかを考えて進めていく。

手順 3 （10分）
　みんなで机の上に上り，自分の作品がどう見えるのか，全体を見渡して床全体がどう変わったのかを鑑賞する。

11 空のモザイク

高学年 造形遊び

全1時間

▼ねらい▼
絵を描いたプラベニヤを透明シートの上にどんどんのせて大きなモザイク模様をつくり，下から見上げて光に透かして見たときの色と形を楽しむ。

題材の概要

この題材は，以前，大きなプラベニヤに街の絵を描いて，みんなで高く持ち上げて運んでいたとき，下から見上げた子が「わ，きれい」と発見したことから生まれた。どの学年でもできる題材だが，プラベニヤ1枚での色や形，たくさん並べたときの色や形をそれぞれよく考え，高学年らしく構成の美しさを意識できるとよい。

授業準備

準備（60分）

プラベニヤをいろいろな形に切って，コンテナなどにたくさん入れておく（1人7～8枚程度）。

机と机の間に透明シートを張って，その下に養生シートを敷いておく。

材料・用具

厚さ3mmのプラベニヤ，透明シート，アクリル絵の具，筆，雑巾，養生シート

授業の流れ

手順1（10分）

絵の具で色を塗ったプラベニヤを裏から見ると，モザイクのような不思議な模様に見えることを伝え，「今日はモザイクで敷き詰められた『空』をつくりましょう」と提案する。いろいろな形に切ってあるプラベニヤの中から好きな1枚を選ぶ。

指導のポイント

ポイント1
筆や指で描いたり，ひっかいてみたりと，描き方の工夫をしていく。裏から透かしてみてモザイクのような模様になるときの見え方を確認しながら描いていくようにする。そのとき，アクリル絵の具の濃さや混ざり具合などのきれいさや面白さを見つけていく。

表から見た様子

裏から透かした様子

ポイント2
やり直したい場合はぬれ雑巾で拭いたり，水道で洗ったりすることができる。また，雑巾は使い方次第で，描画材としても利用できる。

（大畑）

手順2（30分）
プラベニヤにアクリル絵の具で好きな模様や絵を描く。1人何枚でもつくってよい。描いた面を上にして，透明シートの上に置いていく。置くときは，位置やまわりの作品との関係も考える。透明シートの下に入って見上げたときの見え方も確認する。

手順3（5分）
全て並べ終わったら，順番に透明シートの下に入って上を見上げて，モザイクのような不思議な模様で敷き詰められた「空」を鑑賞する。

12 カクカクめいろ

低学年 　絵　　　　全2時間

▼ねらい▼
友達と一緒に，大きなダンボールの板に絵の具を使ってカクカクした線を描くことを通して，「線」と「色」と「形」を使いながら思いつくままのイメージを描いて遊ぶ。

題材の概要

大きな板ダンボールを取り囲みながら，クラス全員で共用絵の具を使い，「カクカク」した線で道を描きながら迷路をつないでいく。ルールは2つだけ。「カクカクした線で描くこと」「友達の線をまたがないこと」。この絵を見た人が迷ってしまうような道を描いて遊んじゃおう！　という提案で始まる，「線」と「色」と「形」で行うイメージの遊びである。線と線のすき間には，オイルパスで町や動物なども描いて楽しむ。

授業準備

準備（45分）
養生シートを敷いた上に，板ダンボールと雑巾を置く。そのまわりに，筆を添えた容器に入った十数色の共用絵の具を子どもに行き渡る程度の個数でそろえる。このセットを，グループの数だけ用意する。

材料・用具
板ダンボール（180cm×90cm・各グループに1枚），共用絵の具（容器に入れておく），筆，養生シート，雑巾，オイルパス，粘着テープ

授業の流れ

手順1（15分）
板ダンボールのまわりに子どもを集め，「カクカクめいろ」の説明をする。「カクカクした線で描くこと」「友達の線をまたがないこと」という2つのルールを伝え，「色」と「形」をつなぎながら楽しむように話をする。

学級を7，8人程度のグループに分ける。

共用絵の具の使い方（容器に挿してある筆はその容器に戻すことなど）と，隣の友達のじゃまにならないように気をつけることを伝える。

指導のポイント

ポイント1
　この題材は,「線」と「色」と「形」を素材にして遊ぶ造形活動である。具体的な形や特別な意味をもたせるのではなく,「線」「色」「形」といった素材を基に子どもが楽しんで遊び,表現していくことが大切である。子どもの発想や主体性が十分に発揮できるような場をつくれるように心がけたい。

ポイント2
　飽きてしまったり,他のものを描きたくなった子どもには,オイルパスを使って迷路に出てくる「じゃまキャラクター」を描いたり,町並みを描いたりすることを提案するとよい。また,教師が特別な色(蛍光ピンクや金色など)を隠しもっておき,活動に行き詰まりがでてきたときに提供するようにすると,関心・意欲が高まる。　　　(玉置)

手順 ② (45分)
　共用絵の具に挿してある筆を使って「カクカク」した線を描いていく。
　線の色を変えたり,太さなどの特徴を変えたりしながら迷路をつくっていく。
　描くスペースがなくなったら,別の場所へ移動して描く。

手順 ③ (30分)
　友達の線にぶつからないように方向を変えたり,別の場所から描いたりして工夫する。板ダンボールに線がいっぱいになってきたら,線のすき間に,迷路の途中で出会えるキャラクターをオイルパスで描く。
　全グループの「カクカクめいろ」ができあがったら,全ての板ダンボールを立てて,裏から粘着テープで屏風状につなげていき,広い場所に置いてみんなで鑑賞する。

13 いろのキャンディびん

低学年 　絵 　全2時間

▼ねらい▼
絵の具セットの色を自由に混ぜてつくった色を，あめ玉のように丸く塗ってびんの絵の中に詰めていく遊びを通して，道具の使い方や色をつくることの面白さを楽しみながら学ぶ。

題材の概要

絵の具をはじめて使うときに，道具の使い方や絵の具の混ぜ方などを楽しみながら学ぶ題材である。画用紙にオイルパスの線で大きなびんを描く。パレットに出した絵の具を自由に混ぜてつくった色であめ玉を丸く描き，びんの中に詰め込んでいく。できた色に味や名前をつけていくことで，色が感覚に結びついていることを体験する。つくった色に別の色を混ぜていくなど，混色により色が果てしなくつくれることを学ぶことができる。

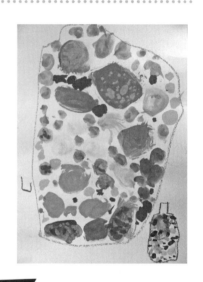

授業準備

準備（30分）

机に水で湿らせて絞った雑巾を置いておく。導入用に，きれいな色をしたあめ玉がびんに詰まった「キャンディびん」の大きめな写真を数点用意しておく。

材料・用具

絵の具セット，雑巾，画用紙，オイルパス（クレヨンでも可）

授業の流れ

手順1（20分）

きれいな色のあめがいっぱい詰まったキャンディびんの写真を見て，あめの味の話をする。「どんな色のあめが食べたい？」「おいしそうなのはどんな色だろうね？」と問いかける。「絵の具をパレットに出して自由に混ぜて，丸く塗ってあめをつくろう！」と提案する。

絵の具の出し方，水の混ぜ方，筆の使い方，パレットのもち方など，絵の具の基本的な使い方を説明する。

指導のポイント

➡ ポイント1
絵の具セットの使いはじめは，使い方や方法からではなく，絵の具の色や混ぜたときの驚きや発見の楽しさに重点をおいて指導したい。「色を塗る道具」というのではなく「好きな色をたくさんつくれるすごいもの」という意識をもてるようにしたい。

➡ ポイント2
子どもが不思議な色をつくったり見つけたりしたときはその場でほめて認めてあげる。つくった色に，その色の印象に似合った名前をつけ，味をイメージすることは，視覚から入る感覚的な刺激が，今まで体験したことや知識と結びついていくことなので，つくりだしたものはできるだけ言語化できるようにしていきたい。

(玉置)

手順 2 (45分)

まずは，オイルパスを使って，線でびんを描く。
次に，絵の具を混ぜていろいろな色をつくり，「何味の色かな？」と想像しながら楽しむ。つくった色であめを描き，びんにたくさん詰めていく。

手順 3 (25分)

つくった色の中に，別につくった色を混ぜて，どんな色になるか試してみる。
つくった色に「イチゴ味」「お空の味」など，味の名前をつけて，どんな味がするのか想像して楽しむ。びんいっぱいに絵の具のあめ玉が詰まったら，びんのまわりにも色を塗ってみる（時間に余裕があり，意欲がある場合）。最後に，キャンディびんに名前をつける。
絵の具を片付ける際も，絵の具を混ぜながら洗ってみるように声をかける。

低学年　絵　全2時間

14 すきなものコレクション

▼ねらい▼
自分の好きなものを考え，思い浮かんだものを小さな色画用紙にクレヨンで描き，長くつなげてコレクションすることで，想像して描くことが身近な楽しさであることを感じる。

題材の概要

1年生のはじめての図工で，自己紹介の代わりに行うことができる題材である。「好きなものは何？」という質問で思い浮かんだものを15cm四方程度の色画用紙にクレヨンを使って次々に描いていき，それをセロハンテープでつなげていく。色画用紙の色を選んだり，描き終わったもののつなげ方を考えたりしながら，描いたものをつなげて集めることを通して，発想すること，色や形を工夫することを学ぶことができる。

授業準備

準備（45分）

様々な色の色画用紙を15cm四方程度に裁断したものを，人数×15枚ほど用意し，材料置き場の机に色ごとに並べておく。展示用の土台になるボール紙を3cm×40cmの長さに切り，人数分用意する。

材料・用具

色画用紙（様々な色，15cm四方），ボール紙（3cm×40cm），クレヨン，セロハンテープ，画鋲

授業の流れ

手順1（15分）

導入で，子どもに次のように投げかける。「今日の図工は，みんなの好きなものを教えてもらいます。好きな食べ物，好きな動物，好きな昆虫，好きな人。いろいろありますけど，いくつくらい思いつくかな？　思いついたものを，この色画用紙に，絵にして表してください。1つできたら，もう1つ描いて，この細い帯（ボール紙）にテープでつなげていってください。どんどん好きなものを集めていきましょう！」

指導のポイント

ポイント1

導入時に、子どもに「好きなもの」を聞き、様々な意見を言ってもらい、それらを共有する時間を必ず取りたい。「先生の好きなもの」から始めて子ども達へと広げていってもよい。この時間をもつことで、発想することが苦手な子どももイメージをもつことができるようになる。

ポイント2

アニメやゲームのキャラクターは避けるようにしたい。導入時に「決まり」として確認するようにする。

できあがった絵をつないでいくときに、クレヨンの上からセロハンテープを貼るとはがれやすくなるので、絵の状態を見て、裏から貼るように助言することも必要。テープは絵に対して垂直に貼るようにするとはがれにくい。

(玉置)

手順2 (45分)

材料置き場から色画用紙を1枚ずつ持っていき、思い浮かんだ「好きなもの」を1つずつクレヨンで描いていく。

1つ描いたら、色画用紙の色を変えて、また別のものを描く。

手順3 (30分)

描き終わった絵は、展示用のボール紙の帯に、セロハンテープで貼っていく。2枚目以降は、前に貼りつけた絵の下にセロハンテープで貼っていき、長くつなげていく。完成したら、ボール紙の帯に画鋲を刺して教室に展示することができるとよい。

15 はがして なんだろう?

低学年　絵　　全2時間

▼ ねらい ▼
新聞紙のはがし残しの形を見て考え，想像し，その色や形から感性を働かせて様々なイメージを思いつき，はがし残しの形を生かしながら共用絵の具で描き加えて表す。

題材の概要

手で黄ボール紙にのりを塗りつけ新聞紙を全面に貼る。しばらく経ってから貼りつけた新聞紙をはがすと，黄ボール紙にはがし残しができる。その形を縦にしたり横にしたり，ひっくり返したりしていろいろな角度から見て想像し，その色や形の様子から思いついたイメージを上から共用絵の具で描き足して表す。黄ボール紙の上に残された新聞紙の痕は，子どもの感性によって様々なイメージへと変わっていく。

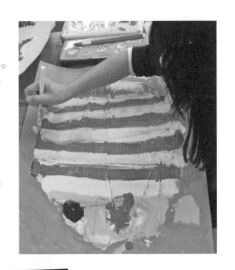

授業準備

準 備 (45分)

新聞紙を人数分用意する。子どもが使用するのに不適切な記事がないものを選んでおく。必要な色数の共用絵の具の容器と筆を，筆を挿した状態で用意する。

材 料 ・ 用 具

新聞紙，黄ボール紙（四つ切），洗濯のり，共用絵の具（12色×2程度），筆（共用絵の具の容器1つにつき1～2本），雑巾

授業の流れ

手 順 1 (15分)

黄ボール紙の上に四つ切の面積の8割くらいを塗れる分量の洗濯のりを垂らし，手でよく伸ばす。その上から新聞紙を貼りつけ，洗濯のりと密着させる。
手を洗い，しばらく乾かす。

指導のポイント

ポイント1
洗濯のりは刷毛で塗ってもよいが，手で洗濯のりの感触を楽しみながら，「感性」を働かせるウォーミングアップのつもりで手の皮膚の感覚を使う方が，発想が広がりやすい。洗濯のりの分量を控え目にすると，この活動が貧弱になり，ヌルヌルベトベトを味わう楽しい体験ができないので，洗濯のりは多めに置いた方がよいが，乾燥させる時間も考慮し，適切な分量を事前に試しておきたい。

ポイント2
2時間の時間設定の場合は，共用絵の具を使うと絵の具の準備や片付けに時間がかからない。個人持ちの絵の具セットでも可能な題材だが，絵の具セットを使うと，3～4時間の設定となる。この場合，イメージを考える時間や発想の共有に時間をかけたい。

(玉置)

手順2 (30分)
乾いたら新聞紙をはがす。まずは教師が見本を見せ，「残った新聞紙の形をよく見よう。何かの形に見えてきたら発表してください」と問いかけてみんなで考える。子どもから出た様々な意見を共有し，「ではみんなのはがした痕は，何に見えるか考えて想像してください。紙はぐるぐる回してみてもよいです。何かに見えてきたら，共用絵の具を使って見えてきたものがわかりやすくなるように描き足して，絵を完成させてください」と提案する。

手順3 (45分)
黄ボール紙をいろいろな角度から見ながら想像して思いついたものを新聞紙の痕に描き足していき，できあがった絵に題名をつける。最後にみんなで鑑賞し，新聞紙の痕が何に変化したかを発表して発想を共有する。

16 すごい太陽

低学年　絵　全1時間

▼ ねらい ▼
本当の太陽はどんな色や形をしているのかを想像して「すごい太陽」を描くことを通して，これまで当たり前だと思っていた枠を超えて想像力を働かせる体験をする。

題材の概要

この題材は，1年生の最初のころに行う。この時期の子どもは，太陽は赤くて丸いものでなければいけないと記号のように思い込んでいることも多い。自分が当たり前だと思っているものが，実はそうでないかもしれないということや，そのような枠は超えてもよいのだという経験をする題材である。クレヨンの発色や混色も楽しめるとよい。

授業準備

準備（5分）
下の材料，用具をそろえておく。

材料・用具
八つ切画用紙，クレヨン，プリズム（理科室から借りる）

授業の流れ

手順1（15分）
「太陽の色は，本当は何色だか知ってる？　実は先生は，太陽の光の正体を知るための道具を持っています」と投げかけ，プリズムを使って教室の中に虹色の光を映し出す。その色をよく見させて，「太陽の色はもしかすると赤やオレンジではないかもしれない。ひょっとすると形も丸くないかもしれない！　本当の太陽はどんな形でどんな色なのか，自分で考えた『すごい太陽』を，クレヨンを使って描いてみよう！」と提案する。

指導のポイント

ポイント1
ほとんど準備に時間がかからないので、プリズムの光を照らし出しやすいよう、晴れている日を見計らって授業ができるとよい。図工室でなくても、教室でもすぐに行うことができる。

ポイント2
1年生の最初のころに行うことを想定した題材である。そのため、クレヨンという材料のよさを存分に味わいながら、楽しんで活動できるように声かけをしていきたい。例えば、導入時に教師がクレヨンのことを「ガリゴリくん」などと呼んでみたり、「心の中で『すごーい』とか『ガリゴリ』とか唱えながら描いてみよう」と投げかけたりするなど、1年生の子どもの感覚に寄り添うように題材を提示してみる。すると、クレヨンに親しみをもちながら、しっかり塗り込んだり、混色を試してみたりする姿を見ることができる。(大畑)

太陽の光が虹色になった！

手順2（25分）
クレヨンをゴリゴリとしっかり塗ったり、混色をしてみたりしながら、自分の思いついた「すごい太陽」を描いていく。

手順3（5分）
鑑賞の時間を設定する。作品を見て回ったり、どんなところが「すごい」のかを発表したりする。それぞれの作品のよさを共有する。

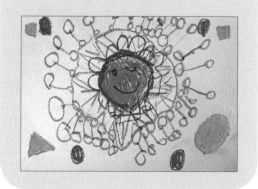

17 チョコチョコマン

低学年　絵　全2時間

▼ねらい▼
チョコ色絵の具，チョコ色スタンプ，チョコを包むアルミホイルなど，チョコをイメージしたものを使いながら，「チョコチョコマン」を描くことを楽しむ。

題材の概要

いろいろな材料を，チョコに関係したものに見立てて，「チョコから生まれた人」を描いていく題材。身近なものだけれども，あまり描画材として意識していない食べ物（今回は本物ではないが）を使うことで，普段の題材とはまた違う子どもの感覚やイメージづくりにつなげられるとよい。

授業準備

準備（10分）
スタンプの材料，アルミホイルを適当な大きさに切り，人数分以上の数を用意しておく。

材料・用具
画用紙，アルミホイル，絵の具（白，茶，こげ茶），筆，スタンプの材料（スタンプになりそうなものはなんでも可。今回は床に敷くジョイントマット），接着剤，はさみ

ジョイントマット

授業の流れ

手順1（15分）
「前にもらって，もう食べられなくなったチョコが残っていたので，もったいないから今日はそれを材料にします」と話し，材料（ポイント1参照）を紹介する。その後，チョコには板チョコや，箱に入った高級なチョコなど，いろいろな形や色をしたものがあるという話をする。そのチョコたちが集まって生まれたのが「チョコチョコマン」だと説明して，イメージを膨らませていく。

048

指導のポイント

ポイント1
材料は本物のチョコではなく，板チョコのかけらはジョイントマットなどのスタンプの材料，ミルクチョコは茶色の絵の具，ビターチョコはこげ茶色の絵の具，ホワイトチョコは白色の絵の具，そしてチョコを包んでいたアルミホイルを使うことを説明する。絵の具を混ぜたりして，オリジナルチョコもつくりながら進めていく。

ポイント2
スタンプの材料はジョイントマット以外，木片や発泡スチロール，フェルト，不織布など，スタンプにできそうな素材であればなんでも使える。スタンプを使ったあと，作品に貼りつけている子もいた。

（大畑）

手順2 (60分)
スタンプの材料をはさみで好きな形に切り，チョコスタンプをつくって画用紙に押してみたり，チョコ絵の具で描いたり，アルミホイルを切って貼ってみたりする。いろいろな材料を組み合わせながらチョコチョコマンを描く。

手順3 (15分)
どんなチョコチョコマンなのかということや，工夫したところなどを発表する。作品のよさを共有しながら，互いに鑑賞する。

18 とんでもヘアデザイナー

中学年　絵　全2時間

▼ねらい▼
モニターで世界のユニークな髪型の写真を鑑賞したあと，破いた色画用紙を顔に見立てて表情を描き，その表情から考え，思いついたユニークな髪型を顔の上に描き足して表す。

題材の概要

インターネットに発表されている様々なユニークな髪型をモニターで鑑賞したあと，気ままに破いた色画用紙を顔の形に見立てて表情を描き入れ，それを小さな画用紙の下の方に貼り，顔の上に空いた余白に表情から思いついた自分なりのユニークな工夫を入れた楽しい髪型を描く。できあがった髪型は，パソコンなどに取り込んでモニターで映し，クラスで鑑賞しながら自分の考えたヘアデザインについて発表をして楽しむ。

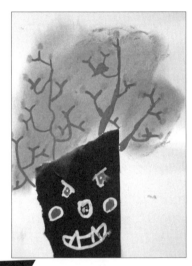

授業準備

準備（45分）
様々な色の色画用紙の破片をこぶし大にたくさん破って箱などに入れておく。八つ切画用紙を半分に裁断し，1人あたり5～6枚程度の量を用意する。

材料・用具
色画用紙（半端に余ったものでよい），八つ切画用紙（白色，半分に裁断），様々な描画材（オイルパス，マーカーペン，色鉛筆等），のり，デジタルカメラ，パソコン，モニター，ユニークな髪形の画像

授業の流れ

手順1（30分）
教師がインターネットなどで集めてきた世界のユニークな髪型やヘアデザインを鑑賞し，気に入った髪型や興味をもった髪型について意見や感想を言う。

まずは，箱の中から破ってある色画用紙を1枚選び，顔にする。台紙となる白い画用紙の上の方に余白をつくり，選んだ色画用紙を下の方に貼り，表情を描き込む。その顔から思いついた髪型をイメージする。

指導のポイント

ポイント1
導入時に見せるユニークな髪型の画像をあらかじめ用意しておく。できるだけ人為的なデザイン重視のものを集めること。18世紀のフランス宮廷夫人のものなどで，頭に鳥かごや帆船がのっているような奇抜なものが適している。単なる笑いの種にならないように，髪型の意図やデザイナーの気持ちになって考えるようにしたい。

ポイント2
できあがったデザインは，掲示板や黒板などに貼っていって，アイデアがクラス全体で共有できるようにしていくと発想が苦手な子どもでもアイデアが出やすくなる。髪型の名前や，その髪型にしてもらうセット料金を考えながら行うと楽しい雰囲気で活動できる。全員分をまとめて綴り，カタログにするのも楽しい。

(玉置)

手順2 (45分)
顔の色や表情を見て思いついた髪型を，自分なりの工夫やアイデアを組み入れながら，マーカーペンやパステルなど（色鉛筆やオイルパス）で表現する。髪形ができたら，その髪型の名前やセット料金を想像し，台紙の余白に鉛筆などで書き入れる。1つできたら，色画用紙を台紙に貼って，新しい髪型をいくつも考える。

手順3 (15分)
できあがった作品は教師がデジタルカメラで撮影する。デジタルカメラの画像を（パソコンに取り込んで）モニターにつなぎ，鑑賞の準備をする。

全員の作品を撮影できたら，モニターで鑑賞する。自分の描いた髪型について，特徴や値段などを説明する。

19 おもいっきり棒人間

中学年　絵　全2時間

▼ねらい▼
「人を描くのは苦手だが，棒人間なら好き，描ける」という子どもは多い。それなら棒人間をいろいろなポーズや場面でとことん描いて，楽しんで人を描く経験を味わう。

題材の概要

自分の好みの形や大きさの木の枝を選び，画用紙の好きなところに貼り，まさに本物の「棒」人間を1体描くことから始める。最初に描いた棒人間に関係したものから，関係しないものまで，いろいろなポーズや様々な場面の棒人間を，黒と白の絵の具で好き放題描いて楽しむ。

授業準備

準備（25分）
校内や近くの公園などで適当な枝を拾っておく（準備時間に含まれない）。枝をいろいろな形や大きさに切って，選べるように人数分より多く用意しておく。

材料・用具
木の枝，画用紙，接着剤，マーカーペンなどの着色用具，顔料系ペイントペンなど絵の具の上からも描けるペン，絵の具（㨂絵の具やインクなど染料系のものがよいが，用意できなければ水彩絵の具でも可），筆

授業の流れ

手順1（15分）
「人を描くのが苦手な子も，苦手でない子も，棒人間が好き。なんでだろうね」と，子どもと棒人間の魅力について会話しながら，棒人間で表現したいいろいろなテーマやシチュエーション（運動会，ダンス教室，スポーツ，今日1日の出来事，物語など）を思い浮かべ，発想を膨らませていく。

「木の枝を1本好きなところに貼って，1人目の棒人間が誕生することから始まります」と説明する。

052

指導のポイント

ポイント1
曲がっていて接着しにくい木の枝は，教師がホットボンドなどでとめていく。

ポイント2
なかなか発想が浮かばない子には，1枚の絵の中にいろいろなシーンやシチュエーションが混ざったりしてもよいと声をかける。

逆に思いついてもどう描いていいかわからないという場合には，友達にポーズをとってもらう。子ども同士でコミュニケーションをとることによって，アイデアが広がっていくことにつながる。

（大畑）

手順 2 （65分）

木の枝を接着剤で画用紙に貼る。絵の具で頭，手足を描いて，最初の1体を誕生させる。最初の1体を中心に，まわりにたくさんの棒人間を描いていく。

まずは色づかいを気にせずどんどん描けるように，絵の具は黒と白の2色で黒をメインに，白と混色した灰色で補っていく。たくさん描けたら，マーカーペンを使って細かいところを描いたり，絵の具でそれぞれの棒人間や背景を飾っていったりする。

手順 3 （10分）

何名か発表者を募って作品を黒板に貼り，いろいろなポーズやシーンを全員で共有して楽しむ。そのあと，それぞれの机に置いてある各自の作品を鑑賞し合う。

20 ダンサー AtoZ

中学年 ／ 絵 ／ 全2時間

▼ねらい▼
アルファベットの26文字を、どう組み合わせて使ったらダンサーの形ができるかを考えて描きながら、形や色の組み合わせの楽しさを味わう。

題材の概要

アルファベットの26文字を組み合わせて、踊っている人（ダンサー）を表現する題材である。アルファベットという決められた形を、どこにどう使ったら顔に見えたり、踊っている人の形に見えたりするかなど、組み合わせを考えながら楽しんで描いていく。踊っている様子をテーマにすることで、ポーズや色のイメージなどに、広がりをもたせていくことができるとよい。

授業準備

準備（10分）
共用絵の具を使用する場合、黒をメインにある程度の色数を用意する。「ダンサー」という明るいイメージを表現できるビビットな色が用意できると、子どもも取り組みやすい。

材料・用具
四つ切画用紙、絵の具（共用絵の具または個人絵の具、どちらでも可）、筆

授業の流れ

手順 1 （40分）
黒の絵の具で、アルファベットの26文字をどう組み合わせて使ったらよいかを考えながら、ダンサーの形を表現していく。

指導のポイント

➡ ポイント1

まずはどんどんアルファベットの形の組み合わせを考えていきたいので，はじめから色合いを考えさせるとその妨げになる。そのため，まずは単色で描いていく（単色であれば，黒以外の色を使用してもよい）。できるだけ26文字全部使って，意外な組み合わせを考えてもらいたい。

➡ ポイント2

同じアルファベットを何回使ってもよいということや，向きを変えたり，ひっくり返したりしてもよいなどということを伝えると，なかなか思いつかない子どもも安心して取り組むことができる。

（大畑）

手順2 (40分)

形を表現できたら，黒で描かれたダンサーが音楽にのって踊っているところを想像しながら，いろいろな色を使ってダンサーや背景を塗っていく。

手順3 (10分)

どんなアルファベットが，どこでどんな組み合わせで使われているかなどを楽しみながら鑑賞する。

21 カクカクコレクション

中学年 絵 全2時間

▼ ねらい ▼
まわりのものがカクカクした形に変身してしまったところを想像しながら，カクカクした形を組み合わせて発想し，いろいろなものをつくっていく。

題材の概要

「カクカク犬」「カクカク車」など，頭に「カクカク」をつけて，まわりのものが全て直線でできたものの世界を想像する。今回はＡ４サイズで「カクカク」の世界を表現したが，小さな作品を１つずつラミネートして集める方法も考えられる。導入で，教師が「カクカクビーム！」と言って子どもにビームを浴びせるポーズをしたあと，みんなでカクカクした動きをしてみてから活動を始めると盛り上がる。

授業準備

準備（15分）
いろいろな色の画用紙を10cm四方くらいに切って，子どもが好きな色を選べるように机に並べておく。

材料・用具
いろいろな色の画用紙，はさみ，スティックのり，画板，ラミネーター，ラミネートフィルム（今回はＡ４サイズを使用）

授業の流れ

手順 1（65分）
好きな色画用紙を，まわりが全てまっすぐな「カクカク」の形に切る。スティックのりを使って画用紙を組み合わせ，ラミネートフィルムの上に置いていく。

指導のポイント

ポイント1
　色画用紙がずれないように慎重に並べて、ラミネートフィルムにはさんでいく。
　フィルムに直接のりがついていると、ラミネーターの故障につながるので、色画用紙同士をのりで貼っていくようにする。のりをつけすぎてはみ出したりしないようにするため、スティックのりのような薄く塗れるものを使用する。

ポイント2
　フィルムを入れる向きを絶対に間違えないよう、ラミネーターの表示をよく確かめてから加工するようにする。
　また、ラミネーターから出てきてすぐのラミネートフィルムは熱いので、火傷をしないように注意する。　　　（大畑）

手順2（10分）
　中の作品がずれないように、画板等にのせて運んでいき、スライドさせるようにラミネーターに入れる。
　小さな作品をラミネートして集める場合は、何人かの作品が集まってからまとめてラミネートして切り分けるとよい。

手順3（15分）
　作品を手に持って、透かしながらお互いの作品を鑑賞する。背景が透明なため、友達の作品と重ねてみても面白い。いろいろな組み合わせを試しながら、楽しんで鑑賞することができる。

2つの作品を重ね合わせた例

22 スタンプ迷路

高学年　絵　全2時間

▼ねらい▼
矩形に切ったスチレンボードにオイルを塗り，そこにクレヨンを塗って溶かし，画用紙にスタンプしてつなげていき，色と形と空間を楽しみながら迷路をつくって楽しむ。

題材の概要

四角く切った色画用紙1枚を「スタート」として白い画用紙に貼る。矩形に切ったスチレンボードにオレンジオイルを塗り，その上にクレヨンを塗りつけて溶かし，画用紙の上にスタンプをする。このスタンプを「スタート」として，ここから様々な方向につなげていき，スタンプの色味や組み合わせたスタンプの道の形，道と道にはさまれた空間などを楽しみながら迷路をつくって楽しむ。

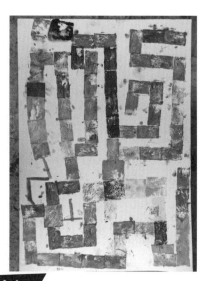

授業準備

準備（60分）
スチレンボードを3cm四方程度で様々な大きさの矩形に切っておく。オレンジオイルを皿に少量入れておく。乾いた雑巾を各グループに用意する。

材料・用具
画用紙（白色），色画用紙，クレヨン，オレンジオイル（ペトロールも可），スチレンボード（肉や魚の発泡トレイも可），のり，はさみ，雑巾，皿，綿棒，パステル，パステルの定着材

授業の流れ

手順 1 （15分）
オレンジオイルを塗ったスチレンボードにクレヨンを塗りつけると，クレヨンの色が溶けていくことを知る。それを画用紙に押しつけると，溶けたクレヨンがスタンプのように写し取れることを使い，これをつなげて「迷路」をつくることを提案する。迷路のスタートとゴールは色画用紙を四角く切ったものを貼ってつくる。スタンプを1回押すたびにオイルとクレヨンを塗り直すことを伝える。スチレンボードは色ごとに変えてもよい。

058

指導のポイント

ポイント1
オレンジオイルはやや特殊な材料であるため,手に入らない場合は,油彩に使うペトロールでも代用できる。しかし,石油臭いので,できればオレンジオイルやレモンオイルを使いたい。ギターの手入れや床のワックスとして使うものがインターネットなどで手に入れやすい。少量でも結構使える。

ポイント2
スタンプに使うスチレンボードは,肉や魚が入っている発泡トレイを使ってもよいが,できれば5㎜程度の厚みのあるものを使う方が使いやすい。スチレンボードにオイルを塗るときは,器の中に直接色のついたスタンプを入れるとオイルが汚れやすいので,指や綿棒などを使って塗るようにする。

(玉置)

手順2 (30分)
画用紙に,「スタート」になる長方形の色画用紙を貼り,そこからスタンプをつなげていき,色や形を楽しみながら道をつくっていく。

スタンプの色味を変えたり,形の違うスタンプを使ったりしながら迷路の幅や形を工夫する。

手順3 (45分)
画用紙の余白を考えながら,迷路のレイアウトを工夫する。分かれ道や行き止まりをつくり,迷路の形を複雑にする。画用紙の空間が埋まってきたら,「スタート」同様に色画用紙で「ゴール」を設定する。道で囲まれた空間にパステルで色を塗る。パステルは寝かせて使って指でこすり,スタンプの道の部分に重ならないように注意する。完成したらパステル定着材を吹きつける。最後に,「迷路」という言葉を使わずに題名を考える。

23 火の神

高学年 **絵** **全2時間**

▼ねらい▼
紙を燃やして穴をあけていくというその独特な感触を味わいながら、楽しんで火の神を描いていく。

題材の概要

尖ったもので穴をあけるのとは違い、線香の火で紙を燃やすことで、穴の形や大きさを自由に変えることができる。また、穴のあく感触の気持ちよさ、燃え広がる様子など、火ならではの感覚を味わいながら、「火の神」を想像して表現していく題材である。

導入場面では、「今日は絵を描きますが、描画材は鉛筆でもペンでも絵の具でもなく、『火』です！」と話し、題材に向かう気持ちを存分に高めさせたい。

授業準備

準備（20分）

16cm×25cm程度に切った厚紙を班の数だけ用意する（**手順1**で型紙になる）。また、炎がゆらめく動画をモニターで再生できるように準備しておく（動画サイトで簡単に探すことができる）。

材料・用具

トレーシングペーパー（A4サイズ）、白ボール紙（A3サイズ）、カッター、線香、ろうそく、ろうそくの台、ライター、接着剤、のり、筆洗バケツ、炎の動画を再生するモニター

授業の流れ

手順1（35分）

まずは、下記のようにトレーシングペーパーに白ボール紙で枠をつける。

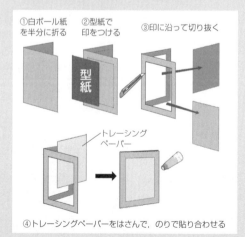

①白ボール紙を半分に折る　②型紙で印をつける　③印に沿って切り抜く
④トレーシングペーパーをはさんで、のりで貼り合わせる

060

指導のポイント

ポイント1
小さい穴や大きい穴をつくることができることや，穴をあけていくときの焦げ目の形や色など，燃やすことでしか味わえない表現を感じられるよう，火の魅力を話しておく。

ポイント2
火を使うため，取り扱いには十分に注意する。すぐに消せるように筆洗バケツ等を近くに用意して作業すること。子どもが線香を持ったまま歩き回ることがないよう，教師がろうそくに火をつけて回るとよい。描くときはできるだけ線香の端の方を手に持ち，線香が短くなってきたらすぐに取り換えるなど，取り扱いに十分注意する。また，作業中は十分に換気をすること。煙やにおいが苦手な子は，みんなと離れた場所で作業したり，マスクをしたりして描いていく。

（大畑）

手順2 （40分）
厚紙の枠を手に持ち，火のついた線香をトレーシングペーパーに軽く当てる。穴のあく感触や焦げ目の色など，火ならではの特徴を生かしながら「火の神」を描く。穴をあけすぎると大きく抜け落ちてしまうので注意する。火を使う際の注意点は，「ポイント2」を参照。

手順3 （15分）
モニターに炎の動画を映し，画面の前に作品を置いて鑑賞する。透ける部分と穴のあいている部分で見え方が変わる。作品とモニターの距離を変えながら，自分の火の神に合った見せ方を見つける。

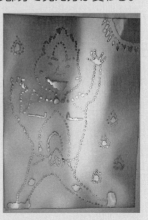

2章　2時間でできる！　図画工作題材55選　061

24 　低学年　立体　　全2時間

おねがいだるま

▼ねらい▼
新聞紙をクシャクシャに丸めて紙袋に詰め込んでいき，つくろうとするものの量や手触りを感じながら，だるまに自分の願いを込めて色を塗り，表情を描いて表す。

題材の概要

こぶし大の石を新聞紙にくるんで重しにして，クシャクシャに丸めた新聞紙と一緒に紙袋に詰め込み，重さと量を感じながらだるまの形をつくる。金色の紙にひみつのお願いごとを書いてだるまの中に封じ込め，自分のお願いをかなえてくれるように気持ちを込めてだるまの色や表情を考える。アクリル絵の具を使って体の色や顔の色を塗り，金の絵の具で飾る。墨汁や絵の具で願いごとをかなえてくれるような表情を描く。

授業準備

準備（45分）
重し用のこぶし大の石を人数分集めておく。顔に塗る白色の絵の具や飾り用の金色の絵の具を容器に入れて用意する。新聞紙を持ってくるように連絡しておく。

材料・用具
新聞紙（4枚程度），金色の紙，こぶし大の石，紙袋（マチがあるもの），ガムテープ，絵の具セット，アクリル絵の具，墨汁，金色の絵の具

授業の流れ

手順1（20分）
「だるまさんってお願いごとをかなえてくれるんだよ。今日はみんなのお願いを込めてだるまさんをつくろう。中に入れる『お願い』を金色の紙に書いて，だるまさんの体の中に入れます。『お願い』は誰にも秘密です」と話して導入する。

新聞紙をクシャクシャにして，2つのお団子をつくる。1つには重しの石を入れて丸める。重しを入れたお団子を紙袋の下に，重しを入れない方を上に入れる。『お願い』を書いた金の紙を入れる。

指導のポイント

ポイント1
構造は簡単。紙袋の中身は丸めた新聞紙を2個,雪だるまのように重ねて入れているだけである。ただし,下の新聞紙には子どものこぶし大程度の石が入っている。これによって「起き上がりこぼし」のような仕組みになるが,起き上がらなくてもだるまが自立できるようならそれでよい。

ポイント2
色を塗るときには注意が必要である。まずは顔の白を塗る。それが乾くまでに周囲の色を塗る。顔の上の方を塗るときに顔に絵の具が垂れてしまうので,必ずだるまを寝かせて塗ること。顔の表情を描くときも同様で,寝かせて描くことを事前の指導で徹底したい。ドライヤーを用意しておけば,絵の具が垂れて失敗したときの修正に役立つ。　　　　(玉置)

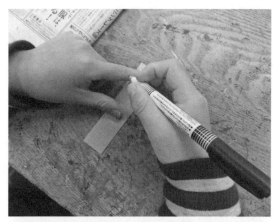

手順2 (40分)
紙袋にガムテープで封をしたら,顔の部分に白いアクリル絵の具を塗る。どんな色や模様のだるまがよいかをよく考えて,顔以外の部分に好みの色を塗る。しばらく乾かす。

手順3 (30分)
絵の具が乾くまでの間,どんな顔がよいかを考える。決まったら,細い筆を使って墨汁で顔の表情を描く。金色の絵の具を使って,体の部分などに飾りの模様を描く。最後に,だるまの名前を考える。

25 おさんぽワンちゃん

低学年 / 立体 / 全2時間

▼ねらい▼
お散歩に連れていきたいペットの犬を想像し、画用紙を使ってお気に入りのオリジナルワンちゃんをつくる。可愛がりながら、楽しんでお散歩体験をする。

題材の概要
画用紙を少し切って丸めるという単純な構造だけで、犬の体の立体物ができることに触れながら、自分のお気に入りのペットをつくる。リードとして針金を使うことで、自分で自由に操ることができる。最後に鑑賞として散歩に連れていくという体験から、作品に対しての愛着をもてる。

授業準備

準備（30分）

直径1.5㎜くらいの針金を90㎝に切り、針金の両端を丸め、持ち手にテープを巻いておく。これを人数分用意する。

八つ切の画用紙を半分に切り、人数分用意する。

材料・用具

画用紙、針金、ガムテープ、ステープラー、パステル、はさみ

授業の流れ

手順1（40分）

「今日は先生の家の犬、シロを連れてきました」と言って、事前につくった「おさんぽワンちゃん」を連れてきて子どもたちの間をお散歩させる。

まず、体の部分をつくる。配付した画用紙にパステルで好きな模様や色を塗る。下図の点線部分をはさみで切る。画用紙を丸め、斜線部を重ねてステープラーでとめる。

指導のポイント

➡ ポイント1
手順1で体の部分をつくるときは,画用紙の切りすぎに注意する。学年や子どもの様子によっては,切る線を印刷してから配付してもよいかもしれない。

➡ ポイント2
手順2で頭に針金を貼りつけるときは,針金が頭の上からのびてリードのように持つので,とれないようにガムテープでしっかり貼りつける。

➡ ポイント3
体と頭をつなげるときは,右の写真のように頭の上の方に体をひっくり返してのせ,(体が針金の上にのる状態)ガムテープでしっかり貼りつける。

(大畑)

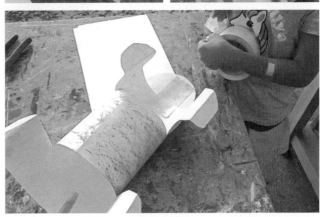

手順 2 (30分)
体とは別の画用紙で,自由に頭やしっぽをつくる。頭の裏にガムテープで針金を貼りつける(リードになる)。最後に体と頭,しっぽをガムテープでつなげる。操りやすいように針金の角度を調整して(少し顔を上向きにして)完成。

手順 3 (20分)
自分の「おさんぽワンちゃん」に名前をつけて,お散歩に出発。リードの針金を揺すっていかにも生きているように操る。学習の邪魔にならないようにしながら,廊下,職員室,校長室など校内のいろいろなところを散歩して歩く。

26 ムシムシ大行進

低学年 立体　全2時間

▼ねらい▼
いろいろな虫の特徴を思い出しながら，紙や梱包材などの材料を使って，自分なりの虫を考えたり表したりすることを楽しむ。

題材の概要

子どもたちがイメージする虫の特徴を生かして，形や色を工夫してオリジナルの虫を表していく。作品の裏に粘着テープつきのマグネットを貼ることで，黒板等にどんどん並べて貼っていくことができる。どんどんつながっていく他の友達の作品を見て，次にどんな虫をつくってつなげていこうかな？　という意欲を高めることができる。

授業準備

準備（10分）

画用紙を7～8cm角に切っておく（人数×2～3倍分くらい）。説明用の作例をつくっておく（導入時につくりながら説明してもよい）。

材料・用具

画用紙，梱包材，はさみ，マーカーペンなどの着色用具，接着剤，粘着テープつきのシート磁石

授業の流れ

手順1（15分）

「昨日，変わった虫をつかまえたのだけれど，どんな虫だと思う？」と話をして，子どもたちからいろいろな虫の種類や特徴などを聞いていく。「でもこの虫は，世界で1匹しかいない珍しい虫だよ」と言って，作例を見せる。材料を見せ，これが虫になっていくのだと，つくり方の説明をしていく。そして，できたものを黒板に貼って，つくればつくるほど長くなる「ムシムシ大行進」になっていくのだと説明する。

指導のポイント

ポイント1

この題材でつくるのは「オリジナルの虫」なので、どんな色や形の虫でもよい。いろいろな虫の特徴が混ざったものや、どの虫の特徴にもあてはまらないものをつくってもよいということを伝える。

ポイント2

作品の裏側に磁石をつけて黒板に貼っていくので、顔や脚、羽などの特徴がある部分が隠れて見えなくならないように声をかけていく。貼った虫が落ちないように、磁石をつける場所や数などにも気をつけるようにする。

(大畑)

造形遊び / 絵 / 立体 / 工作 / 鑑賞

手順2 (65分)

梱包材と画用紙を組み合わせ、マーカーペンで好きな模様を描いて、虫の形をつくっていく。梱包材を体にして、パーツを貼りつけていくようにするとつくりやすい。梱包材は軽くて加工もしやすいので、頭や脚、触覚などにも利用できる。作品の裏側にシート磁石を貼りつけ、黒板に貼っていく。友達が貼った虫の後ろにつなげて列をなすようにする。1つ黒板に貼ったら、次々に新しい虫をつくっていくようにするとよい。

手順3 (10分)

黒板にできた「ムシムシ大行進」の列をみんなで見ながら感想や工夫した点などを出し合い、鑑賞する。

子どもたちは、自分のつくった虫を黒板に貼りにいったときにも、友達の作品をよく見て感想を言っている。それを教師が覚えておいて、鑑賞の際に取り上げていくのもよい。

2章　2時間でできる！　図画工作題材55選　067

27 炎のダンサー

低学年　立体　全1時間

▼ねらい▼
薄い布が風に吹かれて激しく揺れる様子を思い浮かべて，炎のように踊るダンサーをつくって楽しむ。

題材の概要

送風機の風に吹かれて，炎のように布が動くユーモラスな動きを，ダンサーに見立てて楽しむ題材。好みの形や色のダンサーを工夫してつくる。大きさや腕の長さ，また風の強さなどによっても動き方は変わってくるので，いろいろな条件を変えてダンサーの動きを楽しむ。

扇風機やクーラーに取りつけるなどして，家に持ち帰ってからも楽しむことができる。

授業準備

準備（15分）
布を幅4〜5cm，長さ25cmくらいに切り，人数分の2〜3倍の数を用意する。

材料・用具
薄い布（服の裏地に使うキュプラなどの，サラサラしたもの），布用のはさみ，油性マーカー，ツーダンクリップ，送風機（理科室から借りる），激しいダンスミュージック

授業の流れ

手順1（15分）
「今日は特別にダンサーの方をお呼びしています」と，入り口の方を指さして注目させる。そこで，「あ！　もう来ていました」と言ってポケットから作品見本を出し，題材を紹介する。

右写真の実線の部分を切って腕をつくり，点線の部分を切って頭をつくる。切り口は直線でなくてもよいので，自分の好みに合わせて好きな形に切っていく。

指導のポイント

ポイント1
導入では,「炎のダンサーといったら,どんな動きをすると思う?」と投げかけ,子どもに踊ってもらったりする。「そんなもんじゃないよ」と言って,送風機に取りつけた布の激しい動きを見せると,子どもの「やってみたい!」という気持ちを高めることができる。

ポイント2
紙用のはさみではうまく切れないので,布には布用のはさみを使うこと。また,切れ味が悪くなるので,布用のはさみでは絶対に布以外のものを切らないように話をしておく。

ポイント3
送風機の空気を吸い込む側に布を近づけないこと。吸い込まれると絡まって故障する危険がある。

(大畑)

手順2 (20分)

布の下端にツーダンクリップをつけ,送風機に固定する。送風すると布が踊るように動き出す。動きを確認しながら,体全体や腕の長さなどを調整し,自分のお気に入りのダンサーをつくる。形が決まったら,油性マーカーでダンサーの衣装などを描く。風の強さやつける位置によっても動きが変わるので,試してみる。

手順3 (10分)

完成作品を送風機に取りつけ,激しいダンスミュージックをかけながら,ダンスを鑑賞する。一緒に踊ってみるのもよいかもしれない。送風し始めたときにダンサーが一気に立ち上がる様子や,送風を切ったときにくたっと倒れる様子もユーモラスなので,合わせて楽しむ。

また,送風中に上のクリップだけを外すと,ダンサーが空中に飛び上がる動きを楽しむことができる(盛り上がりすぎてしまうので,最後の方に行うとよい)。

28 クシャクシャヒーロー

中学年 立体　全2時間

▼ねらい▼

紙をクシャクシャにして感触を楽しんだあと、手や足や頭ができるように切れ目を入れ、人の形にまとめながら想像し、ヒーロー人形の形や色や道具などを考え、工夫して表す。

題材の概要

手で紙をクシャクシャにする感触を味わいながら、握って固めたり折り曲げたりすることを繰り返すことで想像力を働かせ、柔らかくした紙の柔軟性を生かした人形をつくって遊ぶ題材である。破れやすい材料の紙であるが、手でクシャクシャに揉んでから造形すると柔軟な材料に変化することを体験することができる。揉んで柔らかくなった紙をセロハンテープでまとめながら想像し、イメージを具体化して自分なりの形を探っていく。

授業準備

準備（30分）

B4程度の上質紙を1人あたり2～3枚用意し、各グループにセロハンテープを置く。共用の作業台にはボール紙やお花紙、色画用紙などを準備する。

材料・用具

上質紙（B4判程度）、セロハンテープ（テープカッターに設置）、いろいろな紙（お花紙、色画用紙、ボール紙、工作用紙など）、カラーマーカー、はさみ

授業の流れ

手順1（20分）

紙を縦に置き、上3分の1、下3分の1に下写真のような3本の線を引く。紙を丸めてクシャクシャにし、よく揉んで柔らかくしたら、線に沿って紙を切る。

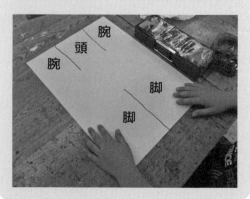

指導のポイント

➡ ポイント1

作例の見本を用意し，教師がその人形を使って寸劇をするなど，紙でできた頼りなさそうな人形が，動かしたり演じたりすることによって実は大変楽しい遊び相手になるという可能性を感じることができるような導入をすると，子どもの関心が高まり，様々な発想が生まれてくる。テーマはヒーローに限らず，いろいろなキャラクターを考えてもよい。

➡ ポイント2

紙を切る線はあらかじめ教師が書いて印刷しておいてもよい。顔の部分は表情を描きにくいので，別の紙に描いた顔のパーツを「お面」をかぶせるようにして貼ってもよい。図工室の箱椅子などを組み合わせて舞台をつくり，ヒーローなどのお話を演じて楽しむ。モールを骨組みにするとポーズを決められる。

（玉置）

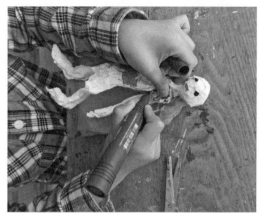

手順 2 （30分）

手順1の「腕」「脚」の部分を細くまとめていき，右下写真の黒色のところにセロハンテープを巻いて固定する。関節にあたる部分には貼らないことで，あとからポーズをとらせやすくなる。

手順 3 （40分）

頭の部分にはお花紙を丸めて入れて量感を出し，セロハンテープでまとめる。顔を描いて全体に色を塗り，お花紙や色画用紙で服を，ボール紙で道具をつくって持たせる。

2章　2時間でできる！　図画工作題材55選　071

29 かべをあるく人のせかい

中学年 立体　全2時間

▼ねらい▼
宇宙のように重力のない世界を想像し，垂直の壁を自由に歩ける「かべあるき人」を工夫してつくって壁に貼り，たくさんの人が壁を歩いている不思議な世界を感じて楽しむ。

題材の概要

もしもこんな世界があったらどんな感じだろう？と架空の世界を想像して楽しみながら意欲を高め，発想を具体化し，身の回りの環境を意識できる題材である。校内の廊下などの長い壁がある空間をめいっぱいに使いながら，自分のつくった「かべあるき人」を壁に広がるスペースに置くことで，まるで自分が壁を歩いているような不思議な感じを味わい，身近な空間の面白さや楽しさを見つけることができる。

授業準備

準備（45分）
プラベニヤを10cm×30cm程度に裁断したものを1人3枚程度用意する。幅に余裕のある広い廊下の壁を用意する。できれば掲示板などの設備があるとよい。

材料・用具
プラベニヤ，ステープラー，セロハンテープ，カラーマーカー，はさみ，外壁用両面テープ（壁に痕が残らないもの），鏡

授業の流れ

手順1（30分）
「重力がない世界って上下がないから，壁も歩く場所に使えるんだよ。『かべあるき人』をつくって壁を歩く人の世界を想像してみよう」と提案する。

プラベニヤを下図のように切り取り，別のプラベニヤを台板にしてステープラーで固定し，自立させる（これが胴体と両脚になる）。

三角形に切る　のりしろを折る

指導のポイント

ポイント1

両脚の先端2cmほどをのりしろとして折り曲げ、両脚を前後に大きく広げた状態を保ちながらステープラーでとめる。この歩幅が狭いと自立してくれない。「かべあるき人」を台板に立たせることができない子どもがいた場合、教師がその作業を手伝ってあげるとよい。

ポイント2

壁に貼りつけるときは、箱椅子や脚立なども用意して高い場所にも貼れるようにしたいが、安全面には十分に注意する。天井に展示するのも面白いが、展示の作業は教師が代行すること。天井に展示し、鏡を鼻の上に置き下目づかいで廊下を歩く「逆さ鏡」で天井を眺めながら歩くと不思議な感覚を味わえる。割らないように鏡の扱いには注意。　　　（玉置）

手順2（45分）

手や頭などをつくって、台板に立てた「かべあるき人」の体部分にステープラーで取りつける。カラーマーカーなどで顔を描いたり色を塗ったりする。飾りや道具をつくってつけ足す。

手順3（15分）

台板の裏面に外壁用両面テープを貼りつけ、「かべあるき人」を壁のある場所に持っていき、好みの場所に貼りつける。全員貼れたら、みんなで鑑賞する。

造形遊び　絵　立体　工作　鑑賞

2章　2時間でできる！　図画工作題材55選

30 さるくんのジャングルジム

中学年　立体　全2時間

▼ねらい▼
ボール紙に針金の手を貼りつけたさるの人形をつくり，細く切ったプラベニヤを組み合わせてつなげながら，さるの人形を引っ掛けたりつなげたりできる遊び場を工夫して表す。

題材の概要

ボール紙に細い針金を取りつけて「さる」の人形をつくり，それをつなげて遊んだり，様々なところにぶら下げたりして遊ぶ。その遊びをイメージしながら，黄ボール紙の土台に細く切ったプラベニヤをステープラーでつないだり組み合わせたりしてさるが遊べるジャングルジムを組み立てる。さるの人形が針金の手を絡ませてぶら下がれる場所を考えながらプラベニヤの線が組み合わされる形や空間を楽しむ題材である。

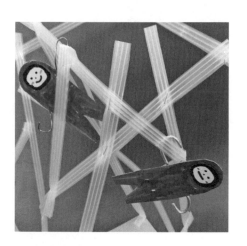

授業準備

準備（45分）

板目紙を3cm×8cm程度（1人3～4枚程度），黄ボール紙を10cm四方に裁断しておく。プラベニヤを幅2cm程度に，大量に切っておく。アルミの針金を10cm程度に切っておく（1人3～4本程度）。

材料・用具

アルミの針金1.5～2.0mm径，板目紙，黄ボール紙，セロハンテープ，カラーマーカー，プラベニヤ（細く裁断），ステープラー，（必要に応じて）ニッパーやペンチ，凧糸など

授業の流れ

手順1（30分）

さるをつくろう

①ボール紙の片方を「∧」字に切って脚をつくる。
②裏から細いアルミの針金をセロハンテープで貼りつけ，腕にする。
③カラーマーカーなどで顔や体を描いたり色をつけたりする。
④さるくんの針金の腕を曲げて絡ませ，教室にある様々なものにぶら下げて遊ぶ。

指導のポイント

ポイント1

長い針金の先端は大変危険なので，短く，安全な長さに切って手渡すようにする。アルミの針金は手で曲げられるが，必要があればペンチを使って曲げるようにする。針金の長さを調整したいときはニッパーやペンチを使う。はさみで切らないように指導する。

針金は腕だけではなくしっぽにも使ってよい。

ポイント2

人形はさるに限らず，子どもが考えたキャラクターがあれば柔軟に対応したい。

プラベニヤをステープラーで接続する際は，針の先端がしっかり曲がって材料の裏側で固定されるようにとめる。

ステープラーが扱えない子どもには，セロハンテープで接続させてもよい。

ステープラーの針の扱いに注意する。（玉置）

手順 2 （45分）

ジャングルジムをつくろう

①10cm四方の黄ボール紙の端に，数本の細いプラベニヤの先端を1cmほど折ってステープラーでとめる。

②縦に立てたものに対し横方向へ細いプラベニヤをステープラーで接続していき，線を交差させながら組み合わせてジャングルジムをつくる。

③自分のつくりたい形を考えながら，線の組み合わせ方を工夫する。

手順 3 （15分）

さるくんと遊ぼう

①ジャングルジムができたら，さるくんを好みの場所にぶら下げて遊ぶ。

②遊ばせながら思いついた遊び道具（タイヤのブランコなど）があったら，ボール紙などを使ってつくる。

③友達のさるくんを自分のジャングルジムに招いて遊んでもらう。または，友達のつくったジャングルジムに出かけていき，遊ぶ。または友達のジャングルジムと組み合わせて大きな遊び場をつくる。

31 カサカナ

中学年 / 立体 / 全2時間

▼ねらい▼
ラミネートフィルムに色紙やセロハンをはさみながら，その色や形でカラフルな魚を想像して表現したり，その魚を使って屋外展示の飾り方を工夫したりして造形活動を楽しむ。

題材の概要

本題材は校内作品展などに展示する共同装飾的な造形活動である。ラミネートフィルムに線で描いた魚の形に沿って色紙やセロハンなどをフィルムにはさみ込みラミネート後に切り取る。ビニール傘の骨組みの先端部分に縛りつけたひもに切り取った魚をセロハンテープで次々に貼りつけ，傘の下を子どもたちのつくったカラフルな魚が群れで泳いでいるように展示する。クラスや班単位で取り組む活動である。

授業準備

準備 (45分)

ラミネーターをできるだけ多く用意する（校内で借りる）。ビニール傘の上部先端にひもを取りつけ，教室の天井に吊るす。荷造りひもを100cm位に切り，用意した傘の骨組の本数分準備する。

材料・用具

ラミネーター（A3判対応），マーカーペン，ラミネートフィルム，画用紙（白色），色紙やお花紙，アルミホイル，セロハン，大きなビニール傘，荷造りひも，セロハンテープ，はさみ

授業の流れ

手順 1 (30分)

「傘の下を水槽に見立てて，そこにみんなの考えたカラフルな魚を泳がせよう」と提案する。ラミネートフィルムの下に白い画用紙を敷いて，マーカーペンの線で魚の絵を描く。魚に着色する感覚で，色紙やお花紙，アルミホイル，セロハンなどをラミネートフィルムの間にはさんでいく。

076

指導のポイント

ポイント1
2時間の題材として設定しているが，用意できるラミネーターの数によってかかる時間は左右される。校内事情によってラミネーターが十分に用意できない場合は，**手順3**を次の週に行ってもよい。ビニール傘は工夫して教室に吊るした状態で子どもに示し，その下で泳ぐ魚を発想しやすくしたい。

ポイント2
ラミネーターまでラミネートフィルムを運ぶときに中身がずれたり落としたりしてしまいやすいので，下敷きの画用紙ごと運ぶのがよい。あるいは中に入れるものをセロハンテープで貼ってしまってもさほど影響はない。ラミネートフィルムは機械への差し込みの方向を間違いやすいので，教師がそばにいてサポートした方がトラブルが少ない。　　（玉置）

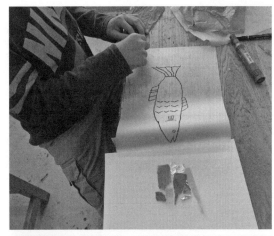

手順2 （30分）
はさんだものを落とさないように気をつけながらラミネーターまで運び，フィルムを機械に通す。線に沿ってはさみで魚を切り取り，荷造りひもにセロハンテープで貼りつけていく。グループでつくった魚を全て適当な間隔をあけて荷造りひもに貼りつける。

手順3 （30分）
取りつけた魚がついたひもをビニール傘の骨の先端に縛りつけ，セロハンテープで補強する。全グループ分の荷造りひもをビニール傘に取りつけたら屋外の展示場所（地面に立てた杭や花壇の柵など）に持っていき，ひもや粘着テープなどでしっかり固定する。

全ての班の魚が取りつけられたビニール傘が展示されたら，みんなで鑑賞する。

2章　2時間でできる！　図画工作題材55選　**077**

32 ペーパーマンげきじょう

中学年　立体　全2時間

▼ねらい▼
ボール紙を切ってつくった簡単な人形「ペーパーマン」をたくさんつくり，ポーズや組み合わせを遊びながら考え，ペーパーマンが活躍するお話や場面を想像して表現する。

題材の概要

長方形に切ったボール紙にスチレンボード片を顔として貼りつけた簡単な紙の人形（ペーパーマン）に，顔を描いたり色を塗ったり飾ったりして，様々なキャラクター（登場人物）をつくる。それらをいくつも組み合わせながら友達と楽しく遊んでペーパーマンが活躍するお話や場面を考え，その様子を想像しながらボール紙などの材料を使って「ペーパーマンげきじょう」を立体的に工夫して表す。

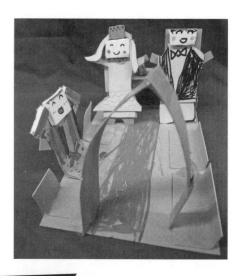

授業準備

準備（45分）
ボール紙を4㎝×10㎝程度の長方形に切り，学級の人数の4～5倍程度の数を用意する。スチレンボードを3㎝四方程度に切ってボール紙と同数用意する。作品見本を作成しておく。

材料・用具
ボール紙，スチレンボード（段ボールも可），接着剤（木工用ボンドも可），はさみ，カラーマーカー（オイルパスも可），セロハンテープ（必要なときのみ）

授業の流れ

手順1（45分）
教師が事前につくった見本を使って「ペーパーマン」の基本的なつくり方を確認する。下図のように，ボール紙の下辺をはさみで三角形に切り取り足をつくる。顔にスチレンボードを接着剤で貼り，カラーマーカーで表情を描く。

ボール紙を切って手をつくり，接着剤で貼りつける。

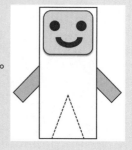

指導のポイント

▶ ポイント1

この題材は，人形を丁寧につくるよりも，人形で遊ぶことを通して，その組み合わせやキャラクターのイメージなどから想像を膨らませてお話や情景を発想することに重点を置いている。そのため，人形はなるべく単純な方法でつくり，凝りすぎない程度の設定で十分である。

▶ ポイント2

ペーパーマンを自立させる方法は様々考えられるので，「L」字型の紙を貼りつける方法が子どもに合っていないようなら，足の先端を折り曲げるなど柔軟な工夫を採用していくのもよい。また子どもから思いついた工夫なども大切に扱っていきたいと考える。場合によってはセロハンテープや両面テープを使うことも考えて用意しておく。　　　　（玉置）

手順2 (30分)

できあがったペーパーマンを使って，友達のペーパーマンと一緒に遊ぶ。

遊びながら新たな登場人物を考え，つくり加える（**手順1**と同様）。

お話や場面を考え，その様子を表す情景や背景をボール紙を使ってつくる。

考えたお話に応じた道具や持ち物などをつくる。

手順3 (15分)

情景や背景ができてきたら，ペーパーマンを配置し，接着剤で固定する。固定する際は，ペーパーマンの裏からL字型に折ったボール紙を貼って当て，人形が自立できる方法を教える。

ペーパーマンが配置され固定できたら，全体を眺めてみて，さらに思いついたことがあればつけ加えたり描いたりして完成させ，題名をつける。

廊下などに並べて展示し，鑑賞する。

33 木っ端ハウス

中学年　立体　全2時間

▼ ねらい ▼
のこぎりを使って自分の切りたい形が切れるようになる。家の形を思い浮かべながら，切った木に色を塗ったり，組み合わせたり，工夫して自分らしい建物をつくることができる。

題材の概要

木をどんどんいろいろな形に切って楽しみ，チョークで色を塗って自分の好きな家をつくる。イメージに合わせてパーツを接着して，好きな形の家をつくったり小さな家を並べて街をつくったりする。着色する面に黒い絵の具を濃く塗っておくことで，黒板のように消すことができるようになるので，描き直したり，イメージを変えたりすることが簡単にできる。はじめてののこぎり引きの授業や，のこぎりの練習でも行うことができる。

授業準備

準備（15分）

授業の導入で提示するための，「成功例」と「失敗例」に切った木材を用意する（「ポイント1」参照）。説明用の作例をつくっておく。

材料・用具

木材（幅4～8㎝，長さ30～60㎝，厚み1㎝のものを1人2本ほど），のこぎり，黒色の絵の具（アクリル絵の具・ペンキなどの耐水性のもの），筆，チョーク，雑巾，木工ヤスリ（必要に応じて）

授業の流れ

手順1（15分）

「今日はこの木で家を建てます」と言って材料の木を見せる。「ただし，底面は直角にしっかり切らないと立ちません」と言い，その場で切って立てて見せたり，切ってあるものを見せたりする。立たない例（失敗例）も見せるとわかりやすい。

いろいろな形に切ってある木を見せて，どうやったらこんなふうに切れるのかを子どもたちに質問しながら，一緒に考えてのこぎりの使い方を説明していく。

指導のポイント

➡ ポイント1
とにかく楽しんで木をたくさん切ることが大切。直角に切れるように，のこぎりの歯を上から真っすぐ見るなど正しい切り方を指導して，気持ちよく切る感覚を味わえるよう，様子を見て声をかけていく。

➡ ポイント2
並べたり，組み合わせたりして自分のつくりたい家や街並みを考えていく。黒く塗った木っ端一つひとつに色を塗ってから考えたり，並べてみてから色を塗っていったり，イメージのつくり方はそれぞれでよいこともアドバイスする。

（大畑）

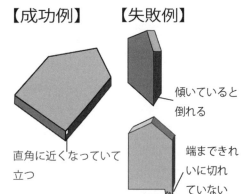

手順 2 （65分）
工夫してたくさん木材を切る。切り口の乱れが気になる子には木工ヤスリを渡す。

次に，木っ端の表面に黒い絵の具を濃く塗る。乾いたらその上からチョークで家の模様を描く。雑巾で拭くと黒板のように消してやり直せるので，いろいろ試しながら自分のイメージに合わせて家を描く。

手順 3 （10分）
完成した「木っ端ハウス」を机の上に置き，他の人のよいところを見つけながら鑑賞する。見つけたよいところを発表しながらクラス全体で共有していく。

時間があれば，全員の作品を1カ所に集めて置き，街をつくって鑑賞する。

34 まわるくん

中学年 / 立体 / 全2時間

▼ねらい▼
筒の中に入ってころころと斜面を転がっていく様子を思い浮かべて，もし筒の中に入ってみたらどんな格好で転がっていくのが面白いかを考え，筒を転がしながら楽しんでつくる。

題材の概要

転がる動きから，その中に入った人がどんなポーズをとっているのかを考えてつくる題材。回転を利用した面白いアイデアを思いつく子もいる。転がる様子を楽しむために，平らなところを転がすだけではなく，簡単なコースをつくって楽しむこともできる。

授業準備

準備 (20分)

紙筒は，印刷室からよく出る拡大コピー機のロール紙の芯や，印刷機のマスターロールの芯などを長さ10㎝程度に切り，人数分以上の数を用意する。画用紙も，紙筒の直径以上の大きさになるように切り，人数分以上の数を用意する。

材料・用具

紙筒，画用紙（筒の直径よりも大きいサイズ），鉛筆，接着剤，セロハンテープ，はさみ，カラーマーカー類

授業の流れ

手順1 (50分)

紙筒を画用紙の上に置き，まわりを鉛筆でなぞり外周を写す。写した円の中に，筒の中で踏ん張って転がっていく人を想像して，マーカーで描いていく。形に沿って切り抜いて，筒の中に，接着剤やセロハンテープで貼っていく。

指導のポイント

ポイント1

画用紙に写す円の直径はあくまで目安である。中に入れる人の大きさを直径より小さくしたり，大きくしたりすると，表現の幅が広がってくる。例えば，小さくつくった場合は紙筒の上からぶら下がっているようなポーズにすることができる。大きくつくった場合は，体を丸めて横向きに貼りつけるとでんぐり返しをしているようなポーズにすることができる。このように，大きさによっても完成したときの様子が変わってくるので，転がるポーズの表現方法はいろいろあることも伝えておきたい。

（大畑）

手順2 （15分）

紙筒の外側に絵を描いたり色を塗ったりして装飾していく。また，紙筒の切り口や内側にも色を塗ったり紙を貼って絵を描いたりと，自分の思いに合わせて工夫をしていく。

手順3 （25分）

机や画板，カッターマットなど，図工室にあるもので斜面やコースをつくり，作品が転がっていく様子を楽しみながら鑑賞する。

35 高学年 立体 巨人あらわる

全2時間

▼ ねらい ▼
会場に来た人をその大きさでビックリさせて校内作品展を盛り上げる飾りとして，友達と大きな空間のイメージを共有しながら体育館の天井に届きそうな「巨人」をつくる。

題材の概要

校内作品展の会場を飾る巨大な造形物「巨人」。会場に訪れた人々を驚かせ，低学年の子は巨人の股の下をくぐり抜けて遊ぶ。そんな作品展の会場の雰囲気をイメージしながら高学年がつくる巨大装飾である。体育館という大きな空間を感じ，そこにふさわしい大きさを想像しながら切ったり描いたりつなげたりと，友達と大きな空間を共有しながら今まで体験したことのない巨大な造形活動を楽しみながら行う。

授業準備

準備（90分）

体育館の天井の梁に長い玉網竿などを使って荷造りテープを通し，「巨人」を吊り下げる準備をしておく。プラベニヤを用い，体育館の高さに応じた「巨人」の型紙をつくる（指導のポイント1参照）。

材料・用具

プラベニヤ，はさみ，カッターナイフ，透明粘着テープ，極太油性ペン，荷造りテープ，「巨人」の型紙を縮小印刷した用紙（アイデアスケッチ用）

授業の流れ

手順 1 （15分）

学級を8～10人ずつのグループに分ける。「巨人」の型紙を縮小印刷した用紙にアイデアを描き，グループの全員の意見を合わせながら全体像の構想を練る。ホワイトボードなどで意見を共有する。頭，手，足など，それぞれどの部分を作成するか，担当を決める。

指導のポイント

➡ ポイント1

右写真を参考に，体育館の高さに応じた「巨人」の型紙をつくる。プラベニヤにわかりやすい太さと色で形を描いて，子どもがそれをトレースしやすいように準備する。アイデアで困らないように，事前の授業などで「巨人」のアイデアスケッチを行って考えをまとめておくと時間が短縮できる。

➡ ポイント2

体育館床で作業するときは，養生シートなどを敷いて床にキズや油性マーカーの汚れがつかないように注意する。

吊り下げのひも通しの穴など，はさみでは切り抜きにくいところはカッターナイフを使うが，それ以外ははさみで切るようにしたい。吊り下げるひもは，頭頂部，左右の肩の3点でとめるようにすると安定する。　　　（玉置）

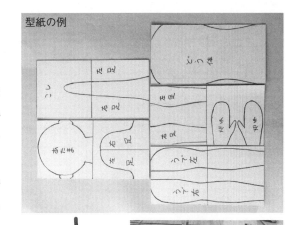
型紙の例

型紙を下敷きにしてなぞる

手順 ❷ （45分）

型紙を下敷きにして，プラベニヤに形をトレースし，丁寧にはさみを使って切り抜く。

アイデアスケッチを反映しながら，油性マーカーで描いたり色を塗ったりして仕上げる。

手順 ❸ （30分）

体の各部品を透明粘着テープで接続する（必ず裏からもテープでとめる）。

両肩・頭頂部に穴を開け，荷造りテープを通して天井から吊るす。足を床に粘着テープで固定する。

最後に全員で鑑賞し，大きさを感じる。

36 カラフル昆虫

高学年　立体　全2時間

▼ねらい▼
不織布とステープラーの針を工夫して使いながら，自分の考えたカラフルな昆虫を楽しんでつくる。

題材の概要

はさみで切りやすい不織布を使い，自分の考えたカラフルな昆虫をつくる題材である。ステープラーの針に色を塗ることで，縫い目にも見えるし，針を油性マーカーで色とりどりにすることで，飾りとしても面白い効果が出てくる。

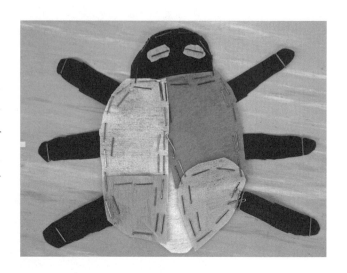

授業準備

準備（15分）
いろいろな色の不織布をある程度の大きさに切って，班の机ごとに置いておく。

材料・用具
いろいろな色の不織布，ステープラー，はさみ，接着剤，油性マーカー，綿（必要に応じて）

授業の流れ

手順1（15分）
布を使ったマスコットづくりは素敵だけど，布は普通のはさみだと切りにくいし，糸と針を使うと大変。そこで，「布は紙のように切れる不織布，糸と針はステープラーの針に色を塗って代わりに使って，自分だけのカラフルな昆虫をつくろう！」と投げかける。まず，ステープラーの針に油性マーカーで色を塗る。

086

指導のポイント

➡ ポイント1
ステープラーの針に油性マーカーで色を塗り，針を縫い目に見立てて，縫い目のような模様をつけていく。表側は大きい縫い目，裏側は小さい縫い目のようになる。

➡ ポイント2
ステープラーの針でつくりにくいような小さい部分は，接着剤を使うなどしていく。

➡ ポイント3
自分のデザインに合わせて，必要に応じて綿を入れて立体感を出すこともできる。

（大畑）

手順 2 （65分）
自分なりの形や模様を考えて，不織布を好きな形に切り，ステープラーや接着剤でつないで昆虫の形をつくる。

手順 3 （10分）
カラフル昆虫の特徴や工夫したところなどを発表し，作品のよさを共有しながら鑑賞する。

37 ありえない組体操

高学年 立体 全2時間

▼ ねらい ▼
現実では不可能な，ありえないバランスや構造のポーズを考えながら，人の型をどんどん組み合わせて構成し，面白い組体操の形をつくって楽しむ。

題材の概要

実際にはできないような組体操も，紙を組み合わせれば，アイデア次第で実現できる。

倒れない構造を考えたり，試してみたりしながら，ブロックを積み上げる感覚で楽しんでつくる題材である。材料によっては，色の組み合わせ等を考えてつくることもできる。

授業準備

準備（10分）
下記の材料・用具を用意する。

材料・用具
厚手の四つ切画用紙，何色かの色画用紙，接着剤，セロハンテープ，はさみ，マーカーペン，ステープラー

授業の流れ

手順1（15分）
色画用紙を人型に切り抜く。手足の部分を曲げるなどしてポーズをとらせ，セロハンテープやステープラーで厚手の四つ切画用紙に貼りつける。これが土台となる。

指導のポイント

➡ ポイント1
人型は，手足を比較的長めにつくると，ポーズをつくりやすくなる。手足が短いと平面的になりやすいので，人型，組み立て方などが立体的になるように，導入時の説明を心がけたい。

➡ ポイント2
人型のポーズが平面的になってしまい，立たせるのが難しいという子どもや，バランスがとれなくて崩れてしまうという子どもには，支えになる人型を増やしたり，セロハンテープで補って工夫することなどをアドバイスする。 （大畑）

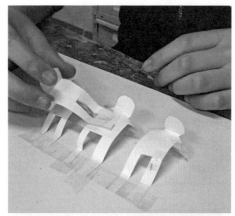

手順 2 （65分）
どのように組み合わせると，現実にはありえない面白い組体操を表現することができるのかを考えながら，人型に切って，土台に貼りつけて…と繰り返していく。好みの色の色画用紙をポイントに使用して強調したり，マーカーペンで着色したりしてもよい。

手順 3 （10分）
友達のつくった作品の，どんなところが現実にはありえない面白い部分なのかを考えながら，作品を鑑賞する。

38 さかさけんちく

高学年 / 立体 / 全2時間

▼ ねらい ▼
逆さにつくることで、普通では自立させることができない構造の建物も自在にデザインできることを学び、自分なりの組み合わせ方を試しながら、自由な発想のタワーを楽しんでつくる。

題材の概要

画用紙を好きな形に切ったり、つないだりしながら、紐から下がった逆向きの建物をつくる。紙はセロテープを使って貼り合わせていく。

逆向きにビデオカメラやカメラ等で撮影すると、建物が本当に自立しているように見える（右写真参照）。その不思議さや面白さを味わいながら、それぞれの作品を鑑賞する。

授業準備

準備（30分）

図工室の机・椅子をどかす。荷造りテープが子どもの目線の高さにくるよう、柱などに両端を結びつけて直線になるようにピンと張る。全員が活動できるくらいのスペースがとれるように準備する。

材料・用具

画用紙、荷造りテープ、白ボール紙（幅3cmほどの帯状に切っておく）、はさみ、セロハンテープ、ビデオカメラ、鑑賞用のテレビやプロジェクターなど

授業の流れ

手順 1（20分）

「今日は建築家になって、自分のイメージで、どんな建物も建てることができます。ただし、逆さの向きにつくっていきます」「逆さだと、普通では立っていられないようなデザインでも建てることができます」と話す。股の下からのぞいて確認したり、最終的にはカメラやビデオで撮って、画像で見ていくことを説明する。

荷造りテープに、帯状に切った白ボール紙をセロハンテープで貼って、自分の建築現場の土台をつくる。

指導のポイント

➡ ポイント1
丸まったり崩れたりしないように，ある程度のバランスや，丈夫さがあるように様子を見ながらつくる。

➡ ポイント2
ビデオカメラで撮影するときに，あとからパソコンやカメラでも編集して画像を180度回転させることができるが，カメラやビデオを逆さにして撮影しておくと，そのままモニターに映して上映会ができる。

➡ ポイント3
作品が見えやすいように撮影したいときには，後ろに黒い紙や布，色のついたパネルなどを背景に置いて撮影するとよい。

（大畑）

手順2（50分）
帯状の画用紙を，自分の好きな長さに切り，セロハンテープで貼りつけながら，工夫して建物を建てていく。

ときどき股の間からのぞいて，進行具合を確認しながら進めていく。

吊り下げられれば，ある程度立体になっていくのも可。

手順3（20分）
完成した子どもから作品を撮影していく。画像を見ながら，どんな作品なのか，イメージや，工夫したポイントなどを発表し，鑑賞する。

最後は，「完成披露の会です」と呼びかけて，テープカットの儀式のように荷造りテープを切って持ち帰る。

39 かいじゅうずもう

低学年　工作　全2時間

▼ねらい▼
紙コップでできたパクパク動く口とボール紙の体を組み合わせてつくった怪獣でトントン相撲を楽しみながら、自分の怪獣が強くなるように形を工夫してつくる。

題材の概要

紙コップを半分に切って開き、怪獣の口に見立て、そこにボール紙を縦に折り曲げて立てた体を取りつける。その形を基本にして、手や脚、しっぽなどを切り抜いたり貼りつけたりしながら工夫して自分なりの怪獣をつくり、ダンボール箱などを利用してつくった土俵の上でトントン相撲をして楽しむ。友達と遊びながら、怪獣がより強くなるように考えたり飾りや色をつけ加えたりして工夫する。

授業準備

準備 (20分)

白ボール紙を人数分、1辺が紙コップの高さの2倍程度の長さの正方形になるように切っておく。ボール紙を紙の繊維に沿って縦折りにしておく。

材料・用具

紙コップ、白ボール紙、ステープラー、速乾性の接着剤、はさみ、パスやマーカーペン、ダンボール箱

授業の流れ

手順1 (15分)

まずは教師が演示をする。紙コップの縁から底に向けてギザギザを描き、はさみを入れて切る。反対側も同様に切る。切れ目を大きく左右に開き、2つに割れた紙コップをパクパク開閉させて怪獣のまねをする。「ガオガオー！」「これで怪獣をつくって遊ぼうよ」と話す。

二つ折りしたボール紙を紙コップの下側にステープラーでとめて立たせ、顔や手やしっぽをつけて、自分のお気に入りの怪獣をつくるように提案する。

指導のポイント

ポイント1
紙コップの縁から切り込みを入れる際，ギザギザに切ることが困難に思われる場合は，直線的に切ったものでもかまわない。歯のような形状にしたいときは，別の紙を小さな三角形にいくつも切って貼りつけてもよい。子どもの発達段階に適した形状を指示する。紙コップの縁は硬いので，ケガに気をつける。

ポイント2
導入で，実際に教師が紙コップを2つに切り開き，それを噛みつきそうな口に見立てて怪獣を想像できるようにすることが動機づけとなる。子どもが喜びそうな話題を絡めながら，教師が怪獣の様子を実演して楽しい導入を考えたい。つくるものは怪獣ではなくかわいい動物でもよいので，パクパクする口からイメージを広げていけるようにしたい。(玉置)

手順 2 （45分）

コップの縁からはさみを入れて怪獣の口をつくる（下写真参照）。

二つ折りしたボール紙にのりしろをつくり，ステープラーで紙コップの下側に取りつける。

ボール紙を切り抜いたり，つけ足したりして手やしっぽや顔などをつくる。

最後に，色や飾りをつける。

手順 3 （30分）

怪獣で遊んでみる。

ダンボール箱を裏返したもので土俵をつくり，2つの怪獣を向かい合わせて置いて，箱を「トントン」叩いて戦わせる。取り組みの様子を見ながら，自分の怪獣がより強くなる方法を考える。脚やしっぽ，飾りなどを工夫して改良し，再び遊ぶことを繰り返す。

40 ゆめのけいたいでんわ

低学年 工作　全2時間

▼ねらい▼
現実では話せない人やものに電話することができる便利な携帯電話を想像することから，その仕組みや使い方を段ボールなどの材料を使って考えたり表したりできる力を育てる。

題材の概要

手の平大に切った板段ボール2枚の1辺を粘着テープで貼り合わせて携帯電話に見立て，現実では話すことができない人やものに電話ができる夢の携帯電話を想像して楽しむ。その電話の特徴に合わせた機能や飾りを考え，ボタンや画面など携帯電話に必要な仕組みを様々な材料を使って色や形で表す。また，つくった電話で友達と電話をかけあって遊んだり，想像の相手とお話ししたりしながら楽しむ。

授業準備

準備（30分）
板段ボールを5cm×8cm程度の長方形に切り，これを人数分の2倍から3倍程度用意する。作品のイメージをもてるように作例をつくっておく。

材料・用具
板段ボール，ボール紙などの厚紙，画用紙・色画用紙，布粘着テープ，凧糸，セロハンテープ，のり，マーカーペンなどの着色用具

授業の流れ

手順1（15分）
はじめに，教師が作例を手に取って，あたかも誰かから電話がかかってきたような素振りで電話を受け，架空の相手と話をしているような演技をしてみせる（例えば「おばけ」など）。

「これは『おばけ（架空の相手）』とお話しできる電話だよ」「もしもし…」と一通り演技をしたあと，「みんなならどんな人（もの）とお話しできる電話が欲しい？」と子どもに質問する。

指導のポイント

➡ ポイント１
スマートフォンのような形状のものを考える子どももいるが、折りたためる構造の楽しさを伝えることによって、折りたたみ式の形状を選ぶ子どもが増える。どちらでもよいので子どもが考えた形を大切にしていく。

➡ ポイント２
布粘着テープは１年生では切りにくいので、教師が適当な長さに切って、板段ボールに貼っていってあげるとよい。布粘着テープには粘着力のタイプが様々あるので、なるべく粘着力が強いものを選ぶとよい。

➡ ポイント３
カメラ機能やメモリーカードなど、子どもが思いついた機能や仕組みに対応できるように材料などを幅広くそろえておくとよい。

（玉置）

手順２ （30分）

２枚の板段ボールを重ね合わせ、短辺の端を布粘着テープでとめる。

開いたら内側の接合部をセロハンテープでとめる。

「画面」にあたる部分に画用紙を貼り、絵や文字をかき入れる。

ボール紙を小さく四角に切ったものを貼り、操作ボタンにする。

手順３ （45分）

「けいたいでんわ」の内側や外側に色を塗ったり絵を描いたり、紙を貼ったりして飾って楽しむ。

凧糸で「ストラップ」などをつくって取りつける。「けいたいでんわ」に特別な機能や特徴を考え、それをつくったり描いたりして楽しむ。

最後に、架空の人やものに電話をしたつもりになって楽しむ。友達に電話をかけてみる。オリジナルの電話番号を考えるのもよい。

41 へんしんペーパー

低学年 工作 全1時間

▼ねらい▼
紙を折って折り目をまたいだ絵を描き，それを広げたときに生まれる余白から想像し，紙を伸び縮みさせることで変化するイメージを表現して楽しむ。

題材の概要

四つ切画用紙を縦長に切ったものを2つに折り，その折れた片方をさらに外側へ半分に折る。折れた状態の開かれた部分（右の写真では卵の殻の部分）にパスやマーカーペンで絵を描く。

紙を開き，折って隠れていた余白を見て想像し，先に描いた絵とのつながりをその余白に考え描き加える。紙を折った状態の絵と開いた状態の絵の変化や動きを発見したり，その違いの面白さを感じたりしながら，表現して楽しむ。

授業準備

準備（20分）

四つ切（または八つ切）の画用紙を縦半分に裁断しておく。
1人あたり3～4枚程度は用意する。

材料・用具

画用紙，クレヨンやパス，マーカーペン

授業の流れ

手順1（10分）

教師が実際にやってみせる

縦長の画用紙を半分に折り，折れた片方を半分に折り返してみせる（**手順2**の図を参照）。

折れた状態の開かれた面に絵を描き，折った画用紙を開いてみせる。

「紙を伸ばしてみると絵にすき間ができたね。このすき間がどうなっているかを想像してみよう」と投げかける。

指導のポイント

ポイント1
仕組みの面白さを十分に試し，理解することが大切。教師は，面白い発見や驚きを適時評価する。

ポイント2
紙は縦に使っても，横に使ってもよいので，開いたり伸ばしたりして仕組みがよく理解できるようにする。

教師が例示をしながら，紙をたたんだときと伸ばしたときの絵の変化がわかるようにする。クレヨンなどを使って折った境目をまたがるように描くようにする。

（玉置）

手順 2 （5分）

手順を説明する

① 「画用紙を半分に折ります」
② 「半分に折った片方をまた半分に折ります」
③ 「そこに絵を描いてください」
④ 「伸ばして開いて，すき間を想像して描いてつないでみましょう」

手順 3 （30分）

実際につくって，交流する

折った画用紙に思いついたイメージを描く。画用紙を開き，開いてできたすき間に，想像した「つながり」を描く。

さらに新しい発想が生まれたら，新しい画用紙で2枚目3枚目を描く。

自分の考えた面白い発想を友達に紹介したり，友達の作品を鑑賞したりしてお互いの発想のよさを共有する。

42 鬼福笑い

低学年　工作　全2時間

▼ねらい▼
鬼の「怖い」「楽しい」「カラフル」「叫んでいる」などの言葉のもつイメージをいろいろな表情や特徴として思い浮かべながら、自分らしい表情豊かな鬼を考えたり表したりできる力を育てる。

題材の概要

怖い鬼はどんな目で、どんな口で牙が生えている？　など、表情や特徴を言葉のもつイメージとして考えることで、言葉から発想した色や形で鬼の顔を描いていく。顔の一つひとつのパーツを切り取って、それぞれの形や色を意識して描き、福笑いにする。自分の作品や友達の作品で遊びながら楽しく鑑賞する。鬼以外でも、動物福笑い、ロボット福笑いなど、いろいろなバリエーションが考えられる。

授業準備

準備（20分）

白い画用紙は、顔のパーツを描いて切り取るので、絵の具で反らない程度の厚みがあるものを用意する。色画用紙は、何鬼なのかをイメージして何色か用意しておく（赤鬼、青鬼、黒鬼、緑鬼など）。福笑いの説明用の作例をつくっておく。

材料・用具

厚手の八つ切画用紙（白）、八つ切色画用紙、のり又は接着剤、目隠し、はさみ、マーカーペン、絵の具（共用絵の具か個人絵の具どちらでも可）、筆

授業の流れ

手順1（15分）

「鬼ってどんな顔をしているのかな？　怖い顔？　目はどんな？　口はどんな？」と投げかけて、子どもから出た話から怖い顔を黒板に描いてみせる。

「怖い顔を面白くて笑っちゃう顔に変える方法があるよ」と言って、事前につくった福笑いの作例を動かして題材の説明をし、子どもの「つくってみたい！」という気持ちを高める。

指導のポイント

ポイント1

あとで顔のパーツを切り取ることを考えて、なるべく各パーツが離れている方がつくりやすいことを知らせておく。髪形や角、耳など自分らしいアイデアを考える。バックの顔が何色の鬼なのかも考えてパーツやまわりに色を塗っていく。

ポイント2

顔を切り取るときに、顔のパーツのないところを折り、はさみで切り込みを入れるようにして穴をあけることを説明する。様子を見て、苦戦している子どもには、教師がカッター等で穴をあけてあげるようにする。　　　　　　　（大畑）

手順2 （55分）

白い画用紙に、絵の具やマーカーで鬼の顔を描く。絵の具が乾くまでの間に、絵の具を片付ける。乾いたら、顔の何も描いていない所に穴をあけ、はさみを差し込んで輪郭の内側の線に沿って切る。そのあと、顔のパーツを切り取っていく。

顔の部分が空洞になった白い画用紙に、裏から色画用紙を貼りつけ、福笑いの台紙にする。

手順3 （20分）

目隠しをして、福笑いを楽しむ。友達の作品と交換していろいろな鬼の福笑いをする。手で触ってどのパーツなのかを確かめたり、頭の中で鬼の顔を思い浮かべたりすることで、視覚だけでなく、手の触覚・頭の中の想像をフル活用して作品を鑑賞することができる。普段は意識しない様々な感覚を自然に使い、作品を感じることのできる題材である。

43 ちょきちょきシルエット

低学年　工作　全2時間

▼ねらい▼
はさみやカッターの使い方を学ぶことを通して，切り取った形と切り取られた形を組み合わせ，そこにできる形の面白さを味わいながら，自分のつくりたい形や色の組み合わせを楽しんでつくる。

題材の概要

切り取った形と切り取られた形が，影と実体の関係になっている構成の面白さを味わいながら，どんな形をつくりたいか，紙の色の組み合わせはどうかなど，構成を楽しみながらつくる。

はさみとカッターのそれぞれの特性を考えながら，自分のやりたいことにあった道具を選択して使っていく。

授業準備

準備（15分）

いろいろな色の色画用紙を7～8cm角に切ったものを1人6～10枚用意する。台紙に使う八つ切の黒画用紙，カッター，カッターマットを用意する。

材料・用具

のり又は接着剤，はさみ，カッター，カッターマット，黒い画用紙，様々な色の色画用紙

授業の流れ

手順 1（25分）

まず，教師が実際につくってみせる。つくり方をつかんだら，自分の好きな色画用紙を選び，好きな形に切る。あとで黒画用紙に貼ることで切ったあとを影のようにするために，切る形の辺や点の一部が画用紙の下端に接するようにする（上の写真参照）。切りたい形によってはさみを使うかカッターを使うかを判断する。

下書きをしてもよいが，薄く描いて丁寧に消しゴムで消すか，貼るときに裏返しにした方が，鉛筆の跡が見えずきれいになることを知らせておく。

指導のポイント

➡ ポイント1
今回表現するのは「シルエット」つまり影の形，もののまわりの形であるということを説明しておく。子どもによっては，中をカッターで切り抜くのも可能であることを知らせておく。

➡ ポイント2
色画用紙を切ったあとのまわりの形も，影を表現するために必要なので，ばらばらにしないようにすることや，一筆書きをする要領で切ること，捨てる部分はないことを理解させる。

➡ ポイント3
はさみやカッターの使い方を確認し，安全に使えるように心がける。　　（大畑）

手順 2 (10分)
実体と影の関係になるよう，向きに気をつけ，黒い画用紙に丁寧に貼っていく。

手順 3 (55分)
手順1，2を繰り返す。

全体の色合いや，構成を考えて貼っていく。1つできたら貼っていってもよいし，全部の作品を並べてから貼っていってもよい。

最後の10分で，意見を出し合いながら，お互いの作品を鑑賞する。

2章　2時間でできる！　図画工作題材55選　101

44 どこでも迷路

中学年　工作　全2時間

▼ねらい▼
ボール紙を折って曲げると衝立のように自立できることを使い，小さな段ボール板の上に迷路をつくり，どこにでも持っていって手軽に遊べる迷路ゲームをつくって楽しむ。

題材の概要

細く帯状に切ったボール紙をL型やW型，Z型に折って立てて自立させる方法を使い，小さく切った段ボール紙の上にボール紙の壁を立てて貼りつけ，コースの形や玉の転がる面白さを工夫してBB弾の玉を転がす迷路をつくる題材である。ビー玉ではなくサイズの小さなBB弾を使うことで，小さな台紙の上でも複雑なコースが設定できる。ポケットなどに入れてどこにでも持ち運べる楽しいミニ迷路ゲームをつくる。

授業準備

準備（45分）

段ボールの廃材をカッターナイフでハガキ大程度に裁断し，様々な形状で人数分＋余剰分を用意する。ボール紙などの端材を使いやすく整理して用意する。

材料・用具

段ボール（ハガキ大程度に裁断），ボール紙や工作用紙の端材，木工用ボンドや速乾性接着剤，OHPシート（または，それに代わる透明シート），BB弾の玉，はさみ，カラーマーカー

授業の流れ

手順1（20分）

ボール紙（1cm×5cm程度）をL字に折ると，壁として自立できることを学ぶ。段ボールの上に，折り曲げたボール紙をいくつか迷路のように組み合わせ，下辺に木工用ボンドを塗って固定させていく。迷路の中をBB弾の玉を転がしてみせ，この授業のめあてを確認する。「折って立てる方法を使って迷路をつくり，BB弾の玉を転がして遊べる小さなゲームをつくろう！」

指導のポイント

➡ ポイント1

あらかじめL字に折り曲げた壁をいくつかつくっておき，板段ボールの上でそれらの組み合わせを考えながらレイアウトするとよい。BB弾の玉をはじめに配っておき，玉が余裕で通ることができるコースの幅になるように気をつけてつくる。木工用ボンドなどの接着剤をつけすぎると，玉が途中でつまることがあるので注意したい。

➡ ポイント2

あとでBB弾の玉が出し入れできるように，OHPシートはセロハンテープで固定する。板段ボールを2段にしたり裏面を使ったりと，様々な発想が生まれてくることが予想されるので，対処できるように道具や材料は多めに用意しておく。大きな板段ボールを使って，6〜8時間の題材に設定してもよい。　（玉置）

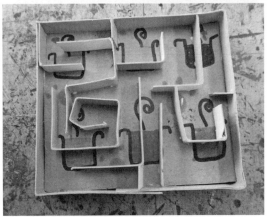

手順 2 （45分）

段ボール板を選び，コースの構想を練る。ボール紙を1cm程度の幅に切り，適当な長さでL字に折り曲げ，段ボール板にボンドで貼っていく。行き止まりやトンネル，落とし穴など思いついた発想を具体化していく。

おおよそ壁ができあがったらBB弾の玉を転がして試してみる。不具合や調整が必要なところを修正する。

最後に，カラーマーカーで色を塗ったり絵を描いたりする。

手順 3 （25分）

コースの上からOHPシートをちょうどよいサイズに切って，セロハンテープで迷路にふたをするように固定する。携帯用のひもをつけたり，腕に取りつけるバンドをつけたりして，持ち運びしやすくなるように工夫する。

45 ビーンズカー

中学年　工作　全2時間

▼ねらい▼
工作で余った木の端材を積んだり組み合わせたりしながら考え，色を塗ったり，ボール紙でつくった部品を加えたりして工夫し，「豆人間」が乗る小さくてかわいいクルマをつくって楽しむ。

題材の概要

木工作のあとでたくさん余った小さな木材の端材を組み合わせて，「豆人間」が運転する小さなかわいいクルマをつくって楽しむ題材である。単に木っ端を組み合わせるのではなく，「小さい」「豆が乗る」というテーマに基づいてつくる。制限された数の端材から発想することで，際限なく組み合わせていくだけの題材とは異なり，ボール紙を細工したり木材との組み合わせ方を考えたり，細かい工夫を思いつくようになる。

授業準備

準備（45分）

木工作の授業などで余った木の端材から小さめで先が鋭くないものを選び，大きさ別（大きめ，小さめ）に分けて箱に入れておく。ボール紙の端材を使いやすくカットして箱に入れておく。

材料・用具

木の端材（小さめなもの），黄ボール紙などの厚紙，速乾性接着剤や木工用ボンド，カラーマーカー，はさみ，大福豆（または白いんげん豆など），画鋲

授業の流れ

手順1（15分）

豆に顔を描いたものを持って，「まめくんがクルマを欲しがっているのですが…，みなさんでまめくんが乗るのにピッタリな小さくてかわいいクルマを考えてほしいのです。まめくん用ですからミニサイズです」と投げかける。

木の端材は箱の中の材料から1台につき4つまでとし，足りない分はボール紙で工夫してつくるようにする。木の端材（大2，小2）を選び，積んだり組み合わせたりしてどんなクルマにするか考える。

指導のポイント

➡ ポイント1

小さくつくるということがポイントである。使える木の端材の数を限定することに異論があるかもしれないが、際限なく使っていくとクルマは巨大化していき、「豆が乗る」というテーマは薄れていく。また、2時間という枠では収まらなくなるから、6〜8時間という時間で行う場合はそれでもよいかもしれない。

➡ ポイント2

材料の数の制約によって、色や形やボール紙の使い方を思考し新しい工夫が生まれてくる。材料が豊富にあることがよい発想を生むとは限らない。むしろ限られていることから発想は生まれ、ユニークなアイデアや工夫が生まれてくることも多い。テーマと制約をうまく組み合わせながら子どもの発想を引き出してほしい。

（玉置）

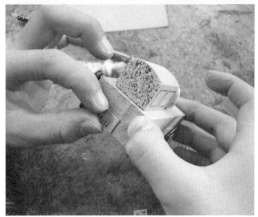

手順 2 (45分)

材料の入った箱から使いたい木の端材を選び、机の上で組み合わせてイメージをもつ。思いついたら、接着剤で組み合わせる。細部はボール紙を切ったり折ったりしたものを組み合わせてつくる。丸く切ったタイヤを画鋲でとめる。

手順 3 (30分)

カラーマーカーで色をつけたり模様を描いたりする。豆に顔を描いて運転手にして、クルマの運転席に乗せる（お好みで乗せなくてもよい）。最後に、豆の目線で写真を撮り、モニターに映してみんなで鑑賞する。

46 中学年 工作 モンタージュ絵本

全2時間

▼ねらい▼
数枚の画用紙に切れ目を入れて2～3つの部分にしたものに絵を描き入れ，それぞれを折り曲げてできた絵の組み合わせのズレを楽しむ絵本をつくる。

題材の概要

画用紙を数枚重ねてステープラーでとめた白紙の本をつくる。ステープラーどめした部分を残しながら横にはさみで切れ目を入れて2～3つの部分に分けたものに画用紙の枚数分の絵を描き入れていく。全てのページに絵を描き入れたら，切れ目によって分けられたそれぞれのページを別々にめくっていき，関係ない絵の別々の部分が組み合わさることによって，ユニークな形が生まれ，新しい意味をもってくることを学ぶ。

授業準備

準備（45分）

画用紙をA5判程度に切っておく。1人あたり5枚程度。

上質紙などの練習用の紙を少し多めに用意する。

イメージをもちやすいように作例を用意する。

材料・用具

画用紙や色ケント紙，ステープラー，はさみ，鉛筆，色鉛筆，カラーマーカー，練習用上質紙

授業の流れ

手順 1（15分）

教師の作例を見て，モンタージュ絵本の仕組みを学ぶ。

教師は，
・画用紙のまとめ方
・切り方
・絵の描き方
について説明をする。

アイデアが決まったら，上質紙に描いてみて練習する。

指導のポイント

ポイント1

教師の作例では，上半分と下半分の絵を組み合わせると，それぞれの絵の「ズレ」によってアンバランスな面白さを出せるようなテーマを選んでみせると絵本の面白さが伝わりやすい。例えば，生き物の絵を描く場合，絵本の上半分は頭，下半分は脚などと統一して描くと，組合せの変化がわかりやすい。

ポイント2

絵を上・下と分けて描いていく。5枚のそれぞれの絵の部分を組み合わせたときにうまくつながるように描いていくこと。

友達とアイデアを見せ合ったり，発表したりする時間を設定し，作品のよさを共有できるようにすると発想が広がるようになる。

また，はさみの使い方や，ステープラーの針にも気をつける。

（玉置）

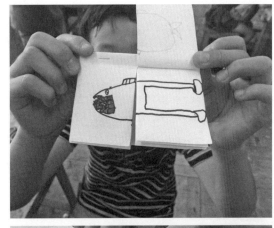

手順 2 （30分）

絵本をつくる

まず，画用紙4枚を本のようにステープラーでまとめる。

のりしろ部分（下図点線部）を折り曲げる。のりしろと反対側の辺からはさみを入れて，のりしろの折り線まで1カ所切れ目を入れる。

まとめた本の一番下にもう1枚画用紙を入れて，ステープラーでとめる。

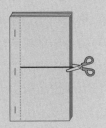

手順 3 （45分）

絵を描く

切れ目を入れた紙を2枚1組で考えながら，5枚の絵を描く。

5枚それぞれの絵が切れ目をまたいでうまくつながるように描く（上写真参照）。色鉛筆やカラーマーカーで着色する。

最後に，表紙をつけて完成。

できあがった絵本を友達と交換して，鑑賞し合う。

47 中学年 工作 ギョロギョロちゃん

全2時間

▼ねらい▼
紙を左右にスライドさせることで人形の目玉が動く仕組みを使って、目玉がギョロギョロと動いて目の位置が変わるキャラクター人形をつくり、表情を変化させて楽しむ。

題材の概要

目の形に切り抜いたボール紙の裏から帯状のボール紙を当て、目の形の穴に瞳の絵を描く。これを左右にスライドさせると穴の中を瞳がギョロギョロと動き、眼球の動きで愉快な表情を表現できる。この仕組みを使うことから発想を広げ、目が「ギョロギョロ」と動くユニークな表情のキャラクターを考え、ボール紙を切ったり色を塗ったりして人形をつくって楽しむ。また、目の動きをコマ撮りしてアニメーションを楽しむ。

授業準備

準備（30分）

Ａ４判ボール紙を縦に半分に切った程度の大きさのものと、幅３cm程度の帯状のボール紙を人数分より少し多めに用意する。また説明用の作例を用意する。

材料・用具

ボール紙（Ａ４判半分）、帯状ボール紙（幅３cm×20cm程度）、セロハンテープ、カッターナイフ、カッターマット、はさみ、カラーマーカー、割りピン（必要に応じて）、色画用紙、デジタルカメラ

授業の流れ

手順1（15分）

目が動く仕組みを使った作例を用意し、帯状のボール紙を左右にスライドさせると瞳が動いて目の表情が変化することを学び、その面白さを味わう。

裏側を見て、どういう仕組みになっているかを知る。

カッターナイフの安全な使い方を学び、目の形の切り抜き方を知る。

材料の種類や使い方、ボール紙の大きさや構造的なことから、つくる際の注意点を知る。

指導のポイント

ポイント1
　目の動きによる表情の変化を楽しむことから始まる題材である。この仕組みの構造や面白さを十分に楽しめるような導入を工夫したい。この仕組みを理解するには事前に教師がつくった作例は重要である。作例を見せながら目の動きが愉快に働いて、「やってみたい！」と思えるような雰囲気がつくれるとよい。

ポイント2
　左右の目を大きく切りすぎてしまうと、顔が半分に切れてしまうことがあるので、目の形は中央と端に少し余白ができるくらいの大きさで描くように注意する。差し込み口の両端に貼るセロハンテープが帯状のボール紙にかかってしまうと目をスライドさせられないので、目の上下にも少し余裕をもたせるようにする。

（玉置）

手順 2 （40分）
　ボール紙に、思いついたキャラクターの絵をカラーマーカーで描き、体の形に沿ってはさみで切り取る。
　目の形に沿ってカッターで切り抜く。
　帯状のボール紙の一部を使って、差し込み口をつくり、上下をセロハンテープでとめる。
　帯状のボール紙を差し込み口に入れ、目の形の中に瞳を描き込む（両目とも）。

手順 3 （35分）
　差し込んだ帯状のボール紙を左右にスライドさせて、表情を確認する。
　残りのボール紙で手や足をつくり、接着剤やセロハンテープでとめる（割りピンなどを使って動く仕組みにしてもよい）。色画用紙の上に置いて、固定したデジタルカメラで瞳の位置を変えながら撮影し、コマ撮りアニメにする（割りピンなどを使ったときは手足の動きもつける）。
　最後にモニターに映し出して、みんなで鑑賞したり、発表したりする。

2章　2時間でできる！　図画工作題材55選　109

48 ひらひらアニメ

中学年 　工作　　　全1時間

▼ねらい▼
葉っぱの形の画用紙が，くるくると回って落ちる仕組みを利用して，表と裏に描いた絵や模様が交互に入れ替わる簡単なアニメーションを楽しんでつくる。

題材の概要

葉っぱの形に切った紙の表裏に違う模様を描いて高いところから落とすと，回りながら落ちて裏表が交互に見えることを利用して，簡単なアニメーションをつくる。チカチカときれいに見えるうえに，アイデアによっては簡単な2コマアニメーションもつくることができる題材である。個々に楽しんだあとは，最後に高い所から一斉に落として鑑賞する。

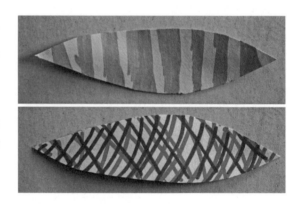

授業準備

準備（20分）

八つ切画用紙を4分の1に切って，人数の3倍程度の数を用意する。実際に作品例をつくっておき，導入場面で見せることができるようにする。表裏に模様を描いたものと，2コマアニメーションになっているものの2種類を用意しておくとよい。

材料・用具

八つ切画用紙（4分の1に切っておく），はさみ，マーカー類

授業の流れ

手順1（10分）

画用紙を葉っぱの形に切って，くるくる回って落ちる様子を見せる。どんな形の葉っぱがどんな落ち方をするのかいろいろと実験して，よく回る葉っぱをつくること，その葉っぱの裏表に模様を描いてチカチカきれいに見える葉っぱにするということを提案する。あわせて，時間があって面白いアイデアが浮かんだ人は，簡単な2コマアニメもつくれることも知らせておく。

110

指導のポイント

➡ ポイント1
葉っぱの形によって回転する速さが変わってくるので，いろいろと実験してよく回転する葉っぱをつくる（横幅が狭い方が速く回る）。子どもは小さくつくりがちなので，大きさにも注意する。回りにくい場合には，上下左右ともに線対称の方が安定して回ることを伝える。うまくできない場合は，画用紙を半分に折って切るとうまく線対称に切ることができることなども合わせて伝える。

➡ ポイント2
単に模様を描くだけでなく，表裏に1つずつの場面を描くと，2コマアニメをつくることができる。ただ，このアイデアはなかなか思いつかない子どももいるので，はじめはみんなで模様を描き，できる人は考えてみようというように提示してもよい。

（大畑）

手順2 (25分)
画用紙を葉っぱの形に切り，どんな形にするとよく回りながら落ちるのか，いろいろ試してみる。よく回る葉っぱの裏表に模様や絵を描いていく。

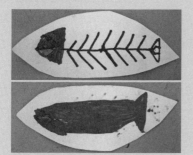

絵を描くときは，左右の向きに注意する

手順3 (10分)
よく回るように落とし方なども工夫しながら友達と見え方を楽しむ。最後に，階段などの高い場所から一斉に落として，みんなで鑑賞する。

49 ゆらゆらサーカス

中学年　工作　全2時間

▼ ねらい ▼
起き上がりこぼしの原理を使って，ゆらゆら揺れるサーカスの出し物を想像し，厚紙を切ったり貼ったりして組み合わせ，動きを楽しみながらつくる。

題材の概要

　起き上がりこぼしのゆらゆらとしたユーモラスな動きと，サーカスの楽しい動きを結びつけて考え，イメージを膨らませてつくっていく題材である。サーカスの華やかなイメージが色彩にも表れてくる。

授業準備

準備（15分）

　紙筒は，印刷室からよく出る拡大コピー機のロール紙の芯や，印刷機のマスターロールの芯などを長さ10cmくらいに裁断し，人数分以上の数を用意する。

材料・用具

　紙筒，白ボール紙などの厚紙，画用紙（紙筒の円周を印刷しておく），重しを包む新聞紙など，重し（石，電池，乾いた粘土など），接着剤，セロハンテープ，はさみ，マーカー類，サーカスの画像

授業の流れ

手順 1（25分）

　起き上がりこぼしの仕組みを説明し，紙筒の上にサーカスの様子を表現することを提案する。サーカスではどんな出し物があるのかよく知らない子どもたちもいるので，子どもたちの話を聞いたり，用意していた画像を見せたりしながら，紙筒の上にのせるものをイメージしていく。

　重しを選び（重さによって起き上がる速さや揺れ方が変わってくる），新聞紙で包む。接着剤とセロハンテープを使って，筒の内側にしっかりと固定する。

指導のポイント

➡ ポイント1
使い終わったテープ類の芯（ガムテープやセロハンテープなど）や，拡大コピー機のロール紙の芯，印刷機のマスターロールの芯などを普段からとっておくようにすると，いろいろな材料として使える。

➡ ポイント2
画用紙に筒の円周を写し取って切り取ることもできるが，時間短縮になるので，子どもの実態に合わせてあらかじめ印刷したものを用意したい。

➡ ポイント3
子どものアイデア次第で，筒の上で実際に揺れる仕掛けをつくることもできるので，糸等も様子をみて出せるように用意しておいてもよい。高学年で行う場合はアルミ線を使うなど，吊るす仕掛けを工夫させることも可能である。

（大畑）

手順 2 （40分）
サーカスで出てくる様々な出し物を厚紙に描いて切り取る。絵の裏に厚紙をL字型に切って貼ったり，つっかえ棒のような形に切るなどして，工夫して紙筒の上に固定する。

手順 3 （25分）
作品の揺れ方や丈夫さを確認してから，前面の丸く切り取った画用紙に好きな絵や模様を描いて貼りつける。工夫した点などを発表し，互いに揺らしながら鑑賞する。最後に全員分を並べて一斉に揺らせば，ゆらゆらサーカス団のできあがり。

50 どこまでつながる どこまでころがる

高学年 工作 全2時間

▼ねらい▼
紙を折ってつくった道にビー玉を転がす遊びを通して、校内の壁面を使った大きな空間につくる道の形や転がり方を想像し考え、そのつなげ方や組み合わせ方を工夫して表す。

題材の概要

校内の壁面や展示用パネルに、帯状のボール紙を縦に折ってつくった道をつなげてビー玉が転がるコースをつくっていく。友達と協力し相談し合いながら、広い壁面の大きな空間を使ったビー玉が転がるコースをイメージし、コースのつなぎ方やビー玉が面白く転がる方法を考えていく。別のグループのコースとつなげてみたりゴールインのイベントを考えたりして、友達と関わり合いながらつくっていくことを楽しむ。

授業準備

準備（45分）

ボール紙などを、長さ40〜50cm、幅6〜7cm程度で繊維の方向に沿って裁断しておく。安全に乗ることができる箱椅子や踏み台などを活動場所に用意する。

材料・用具

ボール紙や厚めの画用紙、養生テープやマスキングテープ、セロハンテープ、ビー玉、自転車のベル、プラカップ、ステープラー、はさみ

授業の流れ

手順 1 （20分）

3〜4人程度のグループをつくる。コースのつくり方を学ぶ（紙を縦に折ってV字型のレール状にして、壁に養生テープなどで貼る）。

「コースをつなげていき、ビー玉が面白く転がるように工夫をすること」という授業のめあてを確認する。一番高い場所にスタートを、一番低い場所にゴールをつくることを確認する。また、安全な踏み台の使い方を確認する。

指導のポイント

➡ ポイント1
コースの材料となるボール紙や画用紙は、折りやすい方向を考えて裁断する。活動の広がりが考えられるので、材料は余裕をもって用意する。壁の塗料ははがれることがあるので、使用する壁面や掲示板に適したテープを選ぶこと。事前に壁面使用の許可をとっておくようにする。

➡ ポイント2
グループづくりでは、仲間外れが出ないように十分配慮する（1人でも活動が成り立つような場所や道具の用意も考える）。全員がいろいろな作業を経験できるよう、「貼りつけ専門」「折り専門」といった分担がおこらないような指導を行う。使用できる壁面がない場合は、展示版や板ダンボールを立てることで活動場所をつくる。廊下で活動する場合は、往来や騒音に十分配慮する。

（玉置）

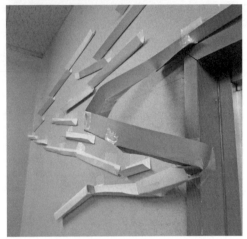

手順 2 （45分）
グループごとに場所を指定し、その範囲内でコースのレイアウトを話し合う。コースのレイアウトが決まったら、レール状に折ったボール紙を取りつけていく。つなぎ目や高低差に気をつけながらコースを貼っていく。
ビー玉を転がしてうまくコースを転がっていくか試してみる。不具合があれば修正をする。

手順 3 （25分）
分かれ道や落とし穴などコースを面白くする工夫を考える。
コースができあがったらゴールをつくる。ゴールすると自転車のベルが鳴るとか、カップに入るといったイベントを考える。隣のグループとコースをつなげてみたり、他のグループのコースを試してみたりして交流する。

2章 2時間でできる！ 図画工作題材55選　115

51 高学年 工作　追うもの追われるもの

全2時間

▼ ねらい ▼
手で回さなくてもくるくると回って落ちていく回転する仕組みを使って，追うものと追われるものの関係を思い浮かべ，楽しみながらつくっていく。

題材の概要

天秤状になっている「追うもの」と「追われるもの」が，らせん状になっているアルミ線を伝って，くるくると回って落ちていく。動きの面白さと，追うもの追われるものの２つのアイテムの関係，この２つを楽しみながら作品をつくっていく。

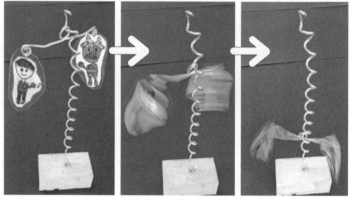

「追われるもの」を鬼，「追うもの」を豆を投げる人間にした作品例

授業準備

準備（30分）
太さ2.0mm程度のアルミ線を，40cmと15cmの２種類の長さにカットしたものを，人数分用意する。

材料・用具
画用紙，アルミ線，垂木（７〜８cm程度），マーカーペンなどの着色用具，ラミネーター，ラミネートフィルム，接着剤，キリ，ドリル，ラジオペンチ，はさみ，丸い棒（直径１cm程度。なければ丸い鉛筆でもよい）

授業の流れ

手順１（50分）
「追うもの」と「追われるもの」のアイデアを考え，画用紙に５cm四方程度の小さな絵を描く。

絵の形に沿って画用紙を切ってラミネートする。フィルム部分をまわりに少し残してカットする。絵の上の部分にはフィルム部分を多めに残しておき，キリを使って針金を通す穴をあける。

40cmのアルミ線を丸い棒に巻きつけて，らせん状にする。

指導のポイント

➡ ポイント1
回転すると表と裏が見えるので，マーカーペンの輪郭が，裏に染みて見えるのを利用したり，窓で透かして写したりして裏表が同じ絵にしてもよいし，透けない紙を使って表と裏が違う絵を描いてもよい。

➡ ポイント2
ラミネート加工をする際は，待ち時間が少なくなるように，ラミネートフィルムを縦に細く切っておいて，1〜2人分ずつ，すぐにラミネートできるように準備しておくとよい。

➡ ポイント3
らせん状のアルミ線は，伸ばすと落下が速くなり，縮めると遅くなるので，最初は伸ばしすぎずに回転の様子を見て，徐々に伸ばしていく。伸ばしすぎた場合，机の角などにこすりつけて真っすぐに伸ばし，棒に巻きつけなおす。(大畑)

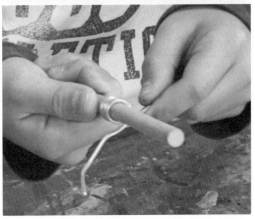

手順 2 (20分)
手順2で開けた穴に15cmのアルミ線を通し，天秤状につなげる。指にのせてみて釣り合うところをラジオペンチを使ってループ状に丸める。これをらせん状のアルミ線に通して，スムーズに回りながら落ちていくように，実験しながら調整していく。

手順 3 (20分)
垂木を約7cmにカットし，ドリルでアルミ線の直径と同じ大きさの穴をあける。らせん状のアルミ線を刺し，うまく回るように調整して，天秤が抜けないようにらせん状のアルミ線の上部を丸めておく。

52 高学年 工作 赤青アニメ

全2時間

▼ねらい▼
赤と青の絵を使うアナグリフの仕組みを理解して、動く様子を想像しながら簡単な2コマアニメーションを楽しんでつくる。

題材の概要

透明シートの表裏にピンクと水色のペンで絵を描き、赤色の眼鏡で見たときは赤い線が消え、青色の眼鏡で見たときは青い線が消えることで動いているように見えるという、アナグリフの原理を使った題材。片目で絵を見て、その前で赤青眼鏡を赤青交互に動かして見ていきます。絵の質より、いろいろなアイデアを大切にしたい。

授業準備

準備（50分）

透明シート（OHPシートなど）を人数の3〜4倍用意する。5cm四方の赤と青のセロファンを人数分切っておく。E字型の眼鏡フレームを厚紙に印刷し、人数分用意する（**手順1**の写真参照）。

材料・用具

透明シート、赤と青のセロファン、眼鏡フレームの厚紙、油性マジック（薄い水色とピンクの2色）、はさみ、接着剤、白い紙、モニター、ビデオカメラ、三脚

授業の流れ

手順1（20分）

アナグリフの原理を子どもたちに説明し、その原理を使ってアニメーションをつくることを伝える。

まず、厚紙に印刷されているE字型を切り取り、赤と青のセロファンを貼って大きな赤青眼鏡をつくる。

指導のポイント

ポイント1
表裏の絵が全く違っていたりすると，アニメの動きではなく，2コマの漫画になってしまうので，絵の一部の形や位置が変わっているくらいが，動きの表現に適している。

ポイント2
描いているものが見やすいように，透明シートの下に白い紙を敷く。白い紙に下がきをして，なぞりながら作業することもできる。

ポイント3
ビデオ撮影をするときに，レンズの前を動く赤青眼鏡にピントが合って作品がぼやけてしまう場合は，フォーカス設定を自動調節からマニュアルモードに変更して，被写体に固定する。

(大畑)

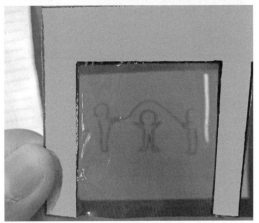

手順2 (40分)
透明シートの表にピンク色，裏に水色のペンで絵を描く（同じ面に描くとインクが混ざってしまう）。表裏がわからなくならないように目印をつけておくとよい。

手順3 (15分)
ビデオカメラのレンズの前で，つくっておいた大型の赤青眼鏡を動かしながら，順番にアニメをモニターに映す。全員で作品のよさや面白さを共有しながら鑑賞する。

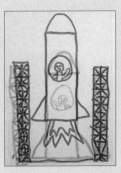

53 低学年 鑑賞 ようせいたちのかくれんぼ

全2時間

▼ ねらい ▼
ボール紙でつくった「ようせい」をよく考えて隠し，ヒントになる写真をみんなで鑑賞しながら，友達が工夫して隠した「ようせい」がどこに隠れているかを見つけて楽しむ。

題材の概要

ボール紙で「学校に住んでいるようせい」を想像してつくり，「ようせい」が人に見つからないように隠れて住んでいる場所を考える。「ようせい」を隠れ場所に隠し，教室に紛れている「ようせい」をデジタルカメラで2枚撮影する。1枚は広めに。1枚は「ようせい」が見つかるくらいに狭く。全ての「隠れ家」を撮影し終わったら，デジタルカメラをモニターにつなぎ，全員で鑑賞して，隠れた「ようせい」を見つけて楽しむ。

授業準備

準備（45分）

白ボール紙をハガキ程度の大きさに裁断しておく。1人あたり5～6枚の割り当てで考える。大型のモニターとデジカメをつなげるように設定しておく。

材料・用具

白ボール紙（ハガキ程度の大きさ），カラーマーカー，色鉛筆（任意），はさみ，デジタルカメラ，モニター（大型のテレビなど），ケーブル（HDMI）

授業の流れ

手順 1（30分）

「学校にはようせいが住んでいるんだよ」と投げかけ，子どもの想像をかき立てるようなお話をする。
学校のようせいはどんな姿をしているか，みんなで色や形を想像してみる。
思いついたらボール紙に描いて色を塗り，はさみで切り取る。
自立できるように工夫してつくってもよい。